L'AUTEURE

Coach en projets de vie, chargée de cours, écrivain et scénariste.

Les modes de vie et les émergences sont le cœur de mon métier : études qualitatives, muséologie, écriture, communication culturelle et évènementielle… Ainsi que l'accompagnement d'étudiants en année maîtrise, sur leur projet de diplôme en design.

J'ai simultanément expérimenté peinture, sculpture, danse, musicothérapie, techniques de bien-être, pratiques énergétiques, dans une perspective de connaissance intérieure et de croissance personnelle.

De cette polyvalence, sont apparues mes lignes de force : les mutations de la société, le cadre de vie et la qualité de l'habitat, le bien-être holistique et la création dans ses multiples expressions. Le coaching lie ces différentes expertises.

La transversalité de mon parcours m'a permis de développer une vaste culture de la vie, avec la reconnaissance des potentiels et talents des êtres. De cette marche entre les mondes qui est ma signature, je propose aujourd'hui une approche unique et multiple de l'être et de ses dynamiques, pour une évolution et un mieux-être durable.

Cursus : maîtrise de lettres modernes, diplôme de l'European Business School, diplôme d'évènementiel culturel de l'Institut d'études supérieure des Arts (IESA), diplôme de morphopsychologie de la Société française de morphopsychologie, coach certifié, Coach Académie.

SENIORS,
L'ÂGE D'ÊTRE

LA VIE DEVANT VOUS

« Psycho-soma »

Une collection dirigée par Marie-France Muller

DU MÊME AUTEUR

- *Alternances*, recueil de poèmes coécrit avec Georges de Sainte-Marie, Éditions du rocher, 1978.
- *Le Corps d'amour, l'âge du Verseau*, Belfond, 1990.
- *Guide pratique de morphopsychologie, que dit votre visage*, Les Éditions d'Organisation, 1992.
- *Anticipez l'accident de carrière et sachez l'exploiter*, coécriture avec Georges de Sainte Marie et Alain Juillet, les Éditions d'Organisation, 1994.
- *Daum, histoire d'un style* (Nègre), 1991.
- *Catalogue, Beyrouth, 1995*, Salon des Artistes Décorateurs.
- *100 ans de vitamines, 10 ans de CEIV*, livre-plaquette, Groupe Roche 1996.
- *L'Odyssée des marques*, participation à l'écriture avec George Lewi, Albin Michel, 1998.
- *De Particulier à Particulier, histoire d'une entreprise pas comme les autres*, coécrit avec Félix Torres, Stock, 1999.
- *Pierre Perrigault, l'architecte du mobilier*, 2000, diffusion Seuil (rétrospective de cinquante ans de design).
- *Catalogue European Ways of life, Salon des Artistes Décorateurs/ESAG Académie Julian,* 2002, (ouvrage prospectif sur le design européen et la création).

Diane Saunier

SENIORS, L'ÂGE D'ÊTRE

LA VIE DEVANT VOUS

Dangles ÉDITIONS

diffusées et distribuées par DG DIFFUSION
Z.I. de Bogues
31750 ESCALQUENS
editions@dgdiffusion.com

REMERCIEMENTS

JE REMERCIE tous ceux avec lesquels j'ai pu m'entretenir des thèmes dont ce livre fait état, et qui m'ont permis d'en saisir la multiplicité et la profondeur :

Michelle et Jacques Martal, Bruno Charlie, Jean-Pierre et Maria Le Cheviller, Daniel Genty, Élisabeth Legros, Émilienne Bébé, Madame Lebouteux, Alain et Brigitte le Bos, Jacqueline Petit, Josette et Michel Texier, Thierry Rouge, Jean-Louis Rigaud et Marie-Noëlle Faure, Élisabeth Siramy, Marcelle Chabaud, Henri Damay, Houria, Andrée Riegel, Monique Darret, Colette Excoffo, Claude et Ginette Jeauneau, Alain Herbulot, Pierre Despons Clément, Gérard Guittet, Pierre Fresard, Lucien Clerc, Theo Bouman, Jean Gourment, Alain Soulier, Paul et Jeannine Le Berrigaud, Jean-Claude Merlin, Alain Thevenet, Gérard Corré, Jean Landre, Marc de la Jarte, D. Mercier, Jean-Pierre Joret, association C2A, Rémy Leprince, Daniele Deconink, Christiane et Daniel Legros Calandreau, Denis Voisin, Emmanuelle Lemetais, Raymond Guidot, Mary Barnett, Georges et Véronique de Sainte-Marie, Christine Pimmel, Alain Galzot, Jean-Claude Mollard, Mireille et Manon Lerat, Marie-Christine Coquereaux, Anne Claustre, Cécile Richard, Claude Humbert, Éliane Pigelet, Fernande Billon, Yolande Giriat, Hélène Medawer, Marie-Louise Marchand, Andrée Flouriot, Marie-Christine Hospiel, Antoine Saunier… et bien d'autres personnes qui ont éclairé ma propre expérience de senior !

Je remercie la Maison pour l'emploi de Rueil, particulièrement Élisabeth Siramy, Saïd Souidi, Rédouane Atiki, Stéphanie et Sabine.

À Antoine Saunier,
reconnaissance, gratitude…
et humour pour le père et l'homme.

À Viviane, à son sourire
et à notre nouvelle légèreté mère-fille.

À Georges de Sainte Marie,
en fraternité d'âme inconditionnelle.

Et à tout ce qui Est,
sur cette planète et dans cet univers.

PRÉFACE

« MÉTA » ou les trois leviers de la révolution intérieure

Les détresses, pertes de motivation et insatisfactions de notre époque résultent du filtre exclusif et erroné socio-économico-politique.

Ce modèle a fait maintes fois la preuve de son inaptitude : chômage longue durée, arrêts de maladie refuges, maladies de société croissantes, gouffre de la Sécurité sociale, dette publique insondable, phobies sécuritaires dans tous les domaines, état dépressif d'une société où trouver sa place juste demeure l'exception.

Il provient d'une absence de vision donc de projet mobilisateur.

Il formate l'individu pour le faire entrer dans un système qui lui est fondamentalement inapproprié, antiécologique voire hostile.

Ainsi, qui s'étonnera du mal-être français et plus largement occidental ? Personne hors les experts de cette approche.

Une telle situation appelle d'autres niveaux de réponses que je nommerai du préfixe grec « *méta* » (après, au-delà).

Quel est cet « après » ou ce saut évolutif à faire ?

C'est celui de l'être ou de l'intériorité, grand oublié de nos sociétés qui ne connaissent que les réalisations extérieures.

Les seniors sont la première classe d'âge à pouvoir ouvrir les portes de cette nouvelle façon d'être avec soi, pour un mieux-vivre collectif s'ils le choisissent.

Beaucoup y aspirent, mais peu en ont une vision claire et encore moins le mode d'emploi.

Cette approche dont les seniors peuvent être les pilotes s'appuie sur les trois niveaux de changement suivants.

Un retournement à 160° : de l'extérieur à l'intérieur

En premier lieu, changer le filtre de lecture en le faisant passer du monde extérieur à celui de l'intériorité permet de repenser trois concepts majeurs du système actuel qui mènent directement à l'impasse.

Réorientés à 160° pour partir de l'humain, non de théories, ces concepts vont ouvrir des espaces de liberté, d'initiative, de créativité, d'enthousiasme et de renouveau encore inconnus.

Le concept de croissance : la focalisation sur une « croissance extérieure », sésame trompeur d'une « reprise » et d'un optimisme collectif, est un mirage savamment entretenu et une décharge de responsabilité.

Ce concept demande à revenir à la source, la **croissance intérieure**, la seule sur laquelle chacun a une emprise personnelle et peut exercer sa responsabilité.

L'approche ou la transition de la retraite est un temps privilégié pour les questionnements que la phase « productive » de la vie ne permet pas. Au programme : Comment vais-je orienter ma vie ? Avec quel sens ? En quoi vais-je grandir, évoluer ?

Le concept de ressources : le mot « ressources » est depuis des décennies associé au mot « exploitation ». Il s'accompagne le plus souvent de comportements de prédateurs qui conduisent à l'épuisement de la terre et des humains. Ce constat planétaire est à peine tempéré par le développement durable, encore théorique et puissamment freiné par la dynamique à l'œuvre.

Les richesses extérieures se prélèvent au détriment des trois quarts d'humains de la planète qui sont en mode survie.

Par contre, les ressources intérieures de chacun sont inépuisables et d'une créativité illimitée. Elles mènent naturellement vers ce que l'activité professionnelle ou la vie offrent rarement : la fierté, la joie et l'estime de soi… sans être en attente de la reconnaissance improbable de l'autre. Ces ressources intérieures recèlent des trésors d'idées, de stratégies, d'inventivité, de courage qui ne demandent qu'à s'exprimer.

Les seniors sont à ce moment de leur vie où ils se tournent pour la première fois vers ces ressources intérieures rarement sollicitées. Elles vont les accompagner dans les décennies de vie active qu'ils ont devant eux.

Le concept d'échange : vu principalement dans une perspective de marché et de libéralisme, c'est le concept qui génère le plus d'égoïsme et d'individualisme indifférent. Centré sur la peur de l'autre et sur sa mort - symbolique, physique, économique, psychologique -, il ne connaît que le registre gagnant-perdant.

Restituer à ce mot d'échange son sens humaniste et originel de rencontre, dialogue, partage, fraternité, conduira à un tout autre type de société.

Les seniors ont cette aptitude à une nouvelle qualité d'échanges, renforcée par leur disponibilité et par la richesse de leur expérience de vie.

Le changement de plan ou la vision « MÉTA »

Il s'agit de quitter le niveau des besoins et du manque pour s'orienter vers la réalisation de soi, à partir de ses talents et aspirations.

Ce deuxième retournement est tout aussi radical que le précédent !

Nous vivons ce paradoxe d'une société d'abondance matérielle - et toutefois déficitaire, autre illogisme - qui a pour seule priorité de satisfaire les besoins de base donc de survie : la sécurité, le confort, l'argent, les biens multiples.

La prise en compte de ce qui fait la puissance de l'humain, sa réalisation, son accomplissement, est absente.

Cette « **survie d'abondance** » généralisée prend des formes extrêmement sophistiquées au travers d'une consommation effrénée de technologies, de loisirs, de biens mobiliers, immobiliers, immatériels, de produits financiers...

En ne dépassant pas le stade du besoin, ce système nourrit et entretient le manque, donc l'insatisfaction, l'attente, la colère. Un manque jamais comblé tel le tonneau des Danaïdes.

Aucun projet mobilisateur, individuel et collectif, ne peut s'accrocher à un mode survie aussi installé. La mobilisation ne peut se faire que lorsqu'il y a un horizon, une promesse et un appel d'air stimulant. Nous en sommes loin.

Dans cette course extérieure sans fin vouée à l'échec, l'individu est réduit au degré zéro de consommateur, son terrain de jeu se limite au marché. Les immuables règles du jeu politico-économico-social, de droite et de gauche, génèrent des échecs à répétition.

Le ressentiment, la rancœur, le désarroi, la désespérance, la colère sont en croissance exponentielle, en même temps que le jeu des tendances et la frénésie consommatoire des styles de vie.

Chacun se trouve dans un déséquilibre grandissant entre ce qu'il est - qu'il appréhende mal -, ce qu'il pense et ce qu'il fait.

Dans ce mental et cet émotionnel collectif altérés, les pathologies explosent - ces fameuses maladies de société imputables à l'air du temps !

Prise dans le mouvement, la majorité dort éveillée et subit.

Par contre, les seniors arrivent à ce seuil de leur vie ou tout ce qu'ils ne voyaient pas devient lisible.

La vision « méta » suppose de ne plus partir des besoins donc du manque, mais des aspirations, des talents, du désir de réalisation et d'accomplissement propre à chaque humain.

Elle demande de s'appuyer sur ce qui porte et donne des ailes, non sur ce qui asservit et coupe les ailes.

Elle appelle à abandonner la perspective passéiste, indigne et usée du « consommateur », la plus dramatique des limitations humaines de ces dernières décennies, pour lui substituer celle d'êtres en constante évolution, aspirant - même inconsciemment - à grandir, s'épanouir, s'accomplir.

C'est à cette étape qu'en sont les seniors, mais sans mode d'emploi pour s'avancer vers leur épanouissement.

Partir de ses talents, c'est restaurer l'estime de soi largement entaillée, se responsabiliser, s'automotiver, et retrouver la liberté créative de l'adolescence.

C'est substituer les possibles à la déclaration d'impossibilité et d'impuissance. Porté par son projet, le senior sera si concentré qu'il en oubliera son âge… et la cohorte de peurs qui l'accompagnent !

Ce retournement s'accompagne de mots leviers : valeur, créateur, potentiel, initiative, risque, motivation, expérience, adaptabilité, vivre, évolution, conscience, joie, bonheur…

Du fragment à la vision holistique

Le troisième niveau de cette révolution intérieure est multidimensionnel et écosystémique, non plus analytique et séparatiste.

Il nécessite de prendre en compte la personne dans sa globalité : corps, émotions, mental, spirituel, non de l'aborder de façon morcelée au travers d'expertises extérieures.

Face aux spécialistes du vieillissement, aux experts du cerveau, du cœur, des artères, de l'activité physique, des loisirs, des technologies, du patrimoine, les seniors commencent à développer **un syndrome de l'hyperchoix**, pris dans la nasse de la fragmentation.

Tout être est multiple, en mouvement et évolution constants, en interaction incessante avec tous les paramètres du vivant. Si le cœur vieillit, c'est peut-être que l'émotionnel est en souffrance, que les frustrations professionnelles non exprimées ou toujours réprimées l'ont abîmé, que la vie affective ou relationnelle est peu satisfaisante, que l'horizon est vide !

Il devient donc prioritaire de substituer à des conseils ciblés mais cloisonnés, une vision d'ensemble de la vie fondée sur la connaissance de soi, les ressentis et l'expérience individuelle… Donc sur l'intériorité ! Elle sera propice au retour du discernement et à la mise en place d'un équilibre de vie.

Le plan de route : accord intérieur, conformité à soi et respect de sa demande profonde

Ainsi, le plan de route se résume aux mesures suivantes : redonner leur statut à l'être, à l'intériorité, aux talents et projets personnels car c'est en soi et nulle part ailleurs que se trouve la direction juste.

La société commence par chacun de nous. **Lorsque des milliers, puis des millions de seniors seront en accord**

avec eux-mêmes, en conformité avec leurs valeurs et aspirations, alors, par résonance, la société bougera.

Cette nouvelle perspective « méta » inclut naturellement l'économie, le politique, le social, les technologies. Mais ils seront au service de l'être, au service de la vie, non de leur maître comme c'est le cas actuellement.

Pour l'heure, aucune préparation à être n'existe officiellement, et encore moins de volonté : cela supposerait de repenser et remettre en question tout ce qui est… inefficient ! Il est peu vraisemblable que cette initiative émane de la majorité des « élites » en place ni d'un quelconque parti. Ils en sont pour l'heure incapables tant ils sont englués dans un système vieux et décadent.

Par contre, chacun de nous est concerné et en a le pouvoir.

Cœur de cible de l'eldorado marchand de la retraite, les seniors sauront-ils s'affirmer au-delà d'une simple perspective de consommateurs ? Ou succomberont-ils à un système qu'ils ont instauré tout au long de leur vie, qui n'est qu'un masque derrière lequel ils se cachent d'eux-mêmes ?

Par le privilège de la maturité, de l'expérience, de la disponibilité et de la conscience, les seniors peuvent être les précurseurs de ce passage à l'être.

La retraite peut être l'opportunité, en plus du recentrage sur ses véritables aspirations, d'un éveil de la conscience collective à de nouvelles façons d'être, d'exprimer, de créer, par l'exemplarité.

« **Soyez le changement que vous voulez voir dans le monde.** » Gandhi.

Poser la plate-forme d'accès à l'être est la finalité de ce livre.

Mon propre parcours de senior

La question…

Octobre 2003 : 55 ans et un questionnement chaque jour plus pressant : quelle est ta mission d'incarnation dans cette vie ? Qu'as-tu à exprimer, à vivre, à rayonner ? Que te manque-t-il pour y accéder ? Mais la petite voix intérieure que je traque reste silencieuse, la vision n'est que confusion.

Que n'ai-je pas essayé pour aller à la rencontre de moi-même ! Stages, conférences, thérapies vibratoires, expériences multiples d'où je ramène chaque fois un frôlement de cette réalité qui est ma quête et que j'ai choisi d'installer dans ma vie.

Cinquante-cinq ans : ce questionnement est multiple. Au centre, la question de mon talent, indiscernable au travers des aptitudes expérimentées - l'écriture, la sculpture, la peinture, l'interrogation sur l'être, la connaissance… Plus largement, la question d'un équilibre de vie, moi qui trébuche sur le fil depuis longtemps. Et inévitablement, celle de ma réalisation : me trouver, m'accomplir, m'épanouir. Peut-être de vaines questions d'Occidentale !

Et celle-ci devenue essentielle : trente ans de pèlerinage d'expériences en intermittence. Mon aptitude à la transversalité qui m'a si souvent desservie dans une « société étiquette » devient l'envie de transmettre la synthèse de cette vision multiple.

Qui suis-je, quel sens, qu'ai-je envie de vivre, quelle est ma contribution singulière, comment déployer, quelle place pour la création, la conscience, le corps, l'engagement de vie… C'est avec cet arrière-plan de questions que j'aborde cet âge.

Le miroir

Tant de questions et si peu de perspectives au regard d'une société qui gomme encore ses seniors et ne peut regarder l'âge en face.

Le miroir des croyances est peu complaisant : 55 ans, l'âge des retraités, des « vieux », du discrédit et du repli, du renoncement, de la fin de parcours. Poubelle.

Un paradoxe totalement impensable pour moi qui ne connaîtrai jamais de fin de carrière puisqu'il n'y a pas eu de carrière, juste une quête infinie de chaque jour. Moi à qui les ponts d'or des points retraite ne pourront sourire, les « créatifs culturels » dont je suis étant souvent les plus paupérisés !

Surtout, pourquoi m'arrêter alors que, de mon ressenti, je n'ai encore rien commencé de ce que je ressens avoir à faire ! Je termine à peine la lente incubation !

Ainsi, dans cette urgence de l'âge, je boucle avec la question d'origine : quel est donc mon projet ?

L'intuition et l'envie

C'est alors que, comme en écho à cet âge qui résonnait en moi, vint me chercher une idée.

Rencontrer d'autres seniors et avec eux explorer leurs aspirations, peurs, questionnements, réalisations liés à cette transition de la retraite. La question du Projet de Vie était lancée… par l'entremise de mes frères et sœurs de séniorité !

Une fois de plus, je repartis avec mon magnéto pour une première étude qualitative.

Les premiers rencontrés furent des hommes. Conscients, investis, approfondissant autant le métier d'humain que l'évolution du monde, à l'écoute de l'être intérieur et disponibles au service, préoccupés de leur santé globale, engagés dans le secteur associatif, ils illustraient l'harmonie encore rare de leurs composantes féminine et masculine.

Vingt interviews plus tard, j'enchaînai avec soixante questionnaires papier-crayon auprès de seniors actifs et retraités, hommes et femmes, entre 50… et 84 ans... dont mon père ! Et j'engageai simultanément l'écriture d'un petit livre résumant cette matière de vie !

C'est alors que de cette intuition se précise la direction, qui prend la tournure d'un dossier de création d'entreprise. Simultanément, je m'autorise à imaginer mon propre projet professionnel ! L'envie profonde d'animer des ateliers, moi qui ai suivi tant de stages de développement personnel, l'envie de prendre la parole, moi qui ai interviewé plus d'un millier de personnes en trente ans sans que jamais personne ne m'interroge sur moi, « l'envie d'avoir envie » dit la chanson ! Qu'allais-je découvrir derrière l'envie ?

Fraternité générationnelle

La confirmation d'une fraternité complice pour cette génération dont j'avais à plusieurs reprises synthétisé l'esprit, les courants et les décennies dans des plaquettes et des spectacles.

Une génération nourrie de l'axe matérialiste du progrès, du confort, de la technologie, qui a juste à faire un saut de conscience pour découvrir l'axe vertical, la colonne vertébrale de l'être.

Une « tranche d'âge » au trésor d'expérience bien plus puissant que ne laissent supposer jeunisme, déficit de reconnaissance, effet kleenex.

L'une de mes seniors me disait avec force : « *À 59 ans, on me dit que je suis âgée alors que j'ai plein de capacités et d'énergie, mes anciens employeurs ne savent pas ce qu'ils perdent... la sagesse est au-delà du monde professionnel, c'est ce qu'on a acquis dans la vie... Mais l'âge pour eux est un handicap...* ».

Mise en écho

Au fil des enquêtes, je découvrais la résonance entre ces parcours de vie et mon propre parcours. La question des peurs, celle de l'utilité de sa vie et du sens caché à décrypter, celle illimitée de l'amour, celle de l'intimité avec soi et l'autre, celle toute-puissante du corps et de ses messages, celle des grandes interrogations de l'au-delà de la vie et du plan d'évolution, celle de la création, et puis ce travail incessant sur les émotions et les pensées, qui se tisse de jour en jour…

Ces rendez-vous devenaient émotion du partage, de la joie, de l'expérience, humour sur les impasses, les erreurs, les impuissances, ou sur les escales trop longues dans lesquelles nous nous embourbons tous.

À chaque rencontre de vie, je retrouvais mes engagements, mes recherches, mes difficultés. Je résonnais avec les souffrances et les apprentissages des uns et des autres. Je me reconnaissais dans ces contemplatifs, dans ces créateurs… L'accueil fait à mon projet le vivifiait, le *boostait*, le portait.

Jusqu'à me confirmer dans ce que je soupçonnais depuis longtemps : que derrière le consommateur rivé sur l'indice de son pouvoir d'achat comme on tend à nous le faire croire, vibrent en chaque être les grands fondamentaux de l'humain : l'amour, le service, la création illimitée, le pouvoir de soi, la tendresse et la compassion, la joie et l'humour, l'intuition profonde de Ce Qui Est.

Ne serions-nous pas, derrière le jeu de cache-cache du manteau d'incarnation et de l'expérience humaine, des êtres totalement spirituels et lumineux…

La spirale infinie

La voie se traçait au fur et à mesure que j'avançais, avec comme principale condition, la confiance et le lâcher-prise.

Le dossier de création d'entreprise que j'établissais alors m'obligeait à poser une continuité, un pragmatisme inaccoutumé. J'étais tenue d'affermir ma décision, de poser une conviction de moi-même. J'étais en chemin vers le projet de moi-même, quelle que soit la forme qu'il prenne ultérieurement. Pour la première fois, j'entrais en conscience dans le mouvement de ma spirale ascensionnelle.

L'opportunité que je m'étais donnée de cette mise en mouvement était sans doute le fil invisible que mon talent, mon don, mon Soi, mon âme, ma conscience supérieure, mon enfant intérieur… me proposait. Pour qu'enfin tous les serpentins de ma pelote arc-en-ciel puissent se déployer à l'infini, chanter, vibrer, danser, jouer, rayonner. Comme me le disait Carole Sédillot, jungienne et enseignante du symbolisme, « *tu ne peux avoir un projet professionnel dissociable de ton projet de vie, sinon tu te plantes !* »

Je sais aujourd'hui que cette longue incubation de trois décennies me préparait à actualiser ce que j'ai fondamentalement besoin de mettre dans ma vie : l'art de la parole avec mon rêve de la parole d'or et de sagesse, l'art de l'intuition avec la petite voix qui me rejoindra un jour, l’art de la création si multiple qui m’attire tant, l’art de ma propre vie et d’un équilibre qui est en soi un véritable chemin de vie. Et puis cet art d’éveiller et de porter la conscience toujours plus haut, toujours plus loin, indissociable de l’émerveillement, qui est pour moi le plus grand des arts.

PREMIÈRE PARTIE

SENIORS, LA TRANSITION DES ÂGES

Nés entre 1940 et 1955, les « baby-boomers » partagent une communauté d'histoire, d'expériences et de mutations. La dernière en date est la transition de la retraite.

Aventuriers pacifiques de l'après-guerre, les seniors ont été, pendant un demi-siècle, aux avant-postes des changements et innovations technologiques, scientifiques, culturelles.

Dans une permanente dynamique, ils ont toujours valorisé l'action, le faire.

Mais ont-ils pris le temps de s'interroger sur eux-mêmes ? De se retourner en leur for intérieur ? De s'intérioriser ?

L'étape de la retraite qui concerne toute une classe d'âge est la première grande opportunité pour effectuer

ce renversement de perspective. C'est une rencontre avec eux-mêmes qui leur est proposée dans ce livre. Une rencontre avec leurs aspirations, leurs rêves, leurs projets. Une rencontre unique, individualisée.

La retraite ? Avoir devant soi plus de vingt ans à trente ans de vie active libre de toute activité professionnelle obligée suppose d'y réfléchir, de l'anticiper et de s'y préparer au mieux.

Comment aborder cette transition majeure en mettant tous les atouts de son côté ? Sur quelles valeurs la fonder ? Quel sens lui donner ? Comment rencontrer ses aspirations et ses rêves ? Comment réveiller ses talents ? Sur quelles bases construire son projet de vie et mettre en place une qualité de vie et un mieux-être ? Quelles nouvelles réponses rechercher ? Ce sont quelques-unes des questions abordées dans ce livre.

CHAPITRE 1

L'ARCHIPEL DES SENIORS

***Si** les parcours sont souvent disparates, les seniors ont en commun un puissant sentiment d'appartenance à leur génération. Il est parfois nécessaire de se retourner sur les décennies écoulées pour oser manifester et devenir qui l'on est vraiment dans le présent.*

Intégrer définitivement le passé évite de le recycler sans fin dans la nostalgie ou la complaisance. C'est rendre toute sa liberté au présent, pour tracer des voies créatives et inédites pour le futur.

Initiateurs et conducteurs des courants sociaux, culturels, économiques de la deuxième moitié du XXe siècle, les seniors ont développé des valeurs et modèles portant sur la maîtrise extérieure du monde : la consommation, le matérialisme et le confort de vie, la communication, l'événement, les technologies…

Ils ont inventé des modes familiaux et relationnels élastiques et libres, allant de l'unité de ces nouveaux célibataires à la tribu des familles recomposées. Individualisme narcissique, affect, hédonisme, recentrage sur les sens et sensations, semblent être leur principal guide de vie, au vu de nombreux analystes.

Nous reviendrons sur le vide intérieur et le manque profond que cache cette apparente réussite du modèle extérieur. Mais constatons déjà que l'arrogance brillante de ce modèle révèle aujourd'hui sa face d'ombre ! Crise multiple identitaire, effondrement des liens, mensonges et simulacres de progrès, égoïsmes et violences grandissantes - indissolublement liés -, explosion du stress, mot-valise de toutes les manifestations de l'anxiété, de la peur, de l'insécurité, de l'incertitude... Un modèle extérieur qui remet en question ceux mêmes qui l'ont généré.

Les droits que notre génération a largement pris sont désormais à réguler avec responsabilités et devoirs. Si, dans la chronologie, nous avons usé des premiers, il nous incombe aujourd'hui de prendre nos responsabilités et d'amener des solutions et des directions porteuses de sens.

Pour ce faire, retraçons rapidement « notre » portrait, déjà analysé et célébré narcissiquement dans des milliers de pages tout au long de ces décennies.

Le toboggan du demi-siècle

La voie royale

Nous aurons connu trente ans de prospérité matérielle.

Remettons-nous dans les pas des baby-boomers que nous fûmes, véritables mutants sur cette première lancée des Trente Glorieuses.

Après la fureur meurtrière et la privation de la seconde-Guerre mondiale, nos parents entrent avec leurs poussettes dans la fureur de vivre.

Nous grandissons dans l'euphorie d'un immense chantier, celui de la reconstruction.

Au début des années 50, la liberté retrouvée passe par la motorisation de masse et l'automobile, par le Salon des arts ménagers. Déjà la guerre des marques fait rage sur le réfrigérateur et la télé.

Objets, loisirs, maisons, chacun s'équipe dans les nouveaux temples de la distribution et du tourisme de masse. Le nouveau franc est si léger dans cette frénésie de consommation qui fait, des indicateurs de croissance, l'étalon de la réussite.

Le rêve de notre adolescence vient des États-Unis sur fond de rock'n'roll. Il ressemble à Marilyn, s'incarne en James Dean et Marlon Brando, se matérialise dans les ailerons rose *ice-cream* et les pare-brise panoramiques des Cadillac.

Notre jeunesse est un âge fétiche et la décennie en est folle. Un langage : la musique et la mode, un rythme, un style, Beatlemania et pop-music : le star system naît avec les minijupes et les émeutes de rue.

Paco Rabanne lance la maille d'acier et le Rhodoïd pour femmes du futur et Courrèges le style Cosmonaute, préfiguration d'une autre conquête.

Émancipée, la nouvelle femme manage sa séduction et son corps, prône l'amour libre, lit Robbe-Grillet et compte les calories. Il lui faut attendre 1975 et l'année de la femme pour que le droit à l'avortement soit prononcé.

La décennie Barricades, Âge tendre et tête de bois culmine avec le premier pas de Neil Armstrong sur la lune : 500 millions de téléspectateurs : l'ère spatiale accomplit le rêve de Jules Verne, Méliès et Wells.

La planète aussi fait sa révolution et Peace and Love dit non à l'*american way of life.*

La guerre froide se termine, la décolonisation est à l'œuvre pour le bonheur - et le difficile apprentissage - des identités nationales.

Désormais le paysage se fait technologique : aéronautique, télématique, robotique. Concorde franchit Mach 2, le

747 et Airbus inaugurent l'ère des gros porteurs, les équipements lourds sculptent les villes.

Le modèle de l'entrepreneur américain est au zénith et la France lit *l'Express*.

Pilotes de cette culture de masse, les enfants de la paix que nous sommes s'affranchissent des systèmes de valeurs et de devoirs de leurs parents pour inventer un mode de vie qui devient l'unique référent. Cette génération de leaders et de décideurs se persuade de son exemplarité et de la pertinence de ses choix de société.

De l'eldorado à la désillusion

Mais le mouvement du balancier la conduit ailleurs…

Premier coup d'arrêt dans ce milieu des seventies : la crise du pétrole marque la fin du rêve de croissance. Les grandes idéologies se meurent et le futur est incertain. Bientôt les Trente Glorieuses se déclinent au passé, la société post industrielle s'interroge avec le second choc pétrolier, tandis que monte un nouveau mythe à Silicon Valley, terre des *succes stories*.

Paillettes et ticket choc, la décennie 80 est paradoxale : la pub est au top et Grace Jones crache le feu. Être fun ou ne pas être est la devise d'une génération métissée skateboard, walkman et graffiti. Le premier bébé-éprouvette fait un pied de nez à la science-fiction et la communication est désormais assistée par ordinateur : CAO, PAO,

3D. Le design venu d'Italie joue la théâtralisation surnommée postmodernité !

De l'autre côté du miroir, les punks affichent « No future » et les banlieues vont mal.

Bob Geldorf rassemble cinquante stars du rock à Wembley pour 1,5 milliard de téléspectateurs. « *We are the world* » est la première prière d'une génération qui unit les terriens contre la souffrance.

Vingt ans plus tard, la souffrance est inchangée, elle s'est accrue au point que le concert du troisième millénaire demande l'annulation de la dette aux pays riches…

Amoco Cadiz, Bhopal, Challenger, Tchernobyl… Stupeur : **la terre serait-elle en danger de l'homme ?**

Les deux clignotants de l'environnement et des risques majeurs sont au rouge. Le monde se complexifie et la tentation individualiste grandit… *Apocalypse Now* donne le ton du drame qui se prépare.

La chute du mur de Berlin est une onde de choc emblématique. La fin de siècle voit la désintégration des régimes communistes, la fin de l'apartheid, l'accord de désarmement nucléaire… Aussitôt rattrapés par le Printemps de Pékin et la Tempête du désert. Les orphelins du Rwanda sont seuls au monde et l'horreur des camps frappe d'impuissance.

Le virtuel est-il le refuge et la drogue ultime pour ne pas voir ? Le village planétaire se tisse, les autoroutes de l'information se construisent avec des flux et des ondes et l'information devient le pouvoir suprême. Les nouveaux maîtres du monde seront-ils les enfants de Big Brother ? Cybermonde et hyperespace à l'immatérialité inquiétante invitent à des navigations étranges dans des théâtres de sensations pures. Les frontières entre simulation et réel deviennent floues. Parfois les mirages annoncent d'autres possibles… mais qui sait lire dans cette société ignorante de l'essentiel.

Diagnostic : crise mondiale

Le rêve matérialiste a volé en éclats, la technologie ne résout pas les problèmes du monde.

La génération be-bop et latex est désarmée par un virus qui ravive la mémoire des grands fléaux.

Sous nos yeux, les affamés du monde, les enfants des décharges, les petits esclaves.

Après l'insoutenable légèreté, les hommes aspirent à une solidarité oubliée mais en ont perdu les clés.

Au tournant du millénaire, les premiers signes.

Une grande tempête qui semble naître de la colère de la Terre à supporter nos inconséquences.

Les Twin Towers en poussière interrogent singulièrement le modèle occidental inspiré des États-Unis. Peut-on construire le monde sur l'arrogance financière et la primauté de l'économie, du marché, de la finance ?

Enfin, une canicule qui rend ô combien dérisoire notre supposée maîtrise !

Sur fond de remises en cause individuelles et collectives, le modèle de société prend eau de toute part, relayé par altermondialistes, alternatifs, *nonos* inspirés de *No logo* de Naomi Klein et néoruraux.

Désenchantement ? Ou nouvelles règles du jeu à inventer ? La 3e révolution industrielle n'a pas porté les fruits escomptés. La croissance - extérieure ! - est une fiction régulièrement revue à la baisse.

Nous sommes tous interpellés par les conséquences visibles de nos choix passés et par cette faillite d'un modèle de civilisation.

Les enfants chéris de l'eldorado de la consommation laissent le Titanic libéral et l'absence de perspective à leurs enfants et petits-enfants.

Et nous voici questionnés à juste titre par nos enfants, et parfois par nos parents qui ont traversé la ou les guerres avec une dignité et un sens du devoir exemplaires.

Ainsi, cette catégorie récente qu'est le senior, qui longtemps vécut comme seigneur et maître édictant ses lois, doit-il faire face à ses responsabilités.

La planète est épuisée d'avoir été trop exploitée par les orpailleurs que nous sommes.

La perte de la cohésion, du respect, de la tolérance est dans la droite ligne des contre-valeurs de performance et de profit portées à leur paroxysme.

Notre mal-nommée « génération de la Paix » se déchire et s'épuise dans les conflits intérieurs de couples, de relations, d'entreprises, de société, de peuples. Il n'est pas qu'une forme de guerre !

Chacun a le manque de l'autre par incapacité à vivre avec lui-même mais ne supporte pas cet autre… car il ne se supporte pas lui-même.

Tout reste à découvrir : le sens, l'âme, l'humain… et son double invisible suprahumain qui l'attend peut-être.

Ce fabuleux pouvoir d'adaptation qui a permis à notre génération d'affronter secousses et bouleversements de modes de vie sera-t-il à ce nouveau rendez-vous : la transition de la retraite et ses conséquences multiples ?

Ceux qui ont initié et conduit tant de changements, modelé la société selon leurs valeurs de consommateurs, **sauront-ils aborder ce nouveau passage qui appelle l'être et non l'avoir** ?

Sauront-ils passer d'un credo matérialiste, fondé sur le libre jeu de consommer, sur la fragile puissance économique et financière, sur le pouvoir absolu des médias et le leurre du confort technologique, à un autre alphabet ?

Le professeur Jean-François Sirinelli constate que cette génération à la fois Narcisse, cultivant le culte de l'apparence, Peter Pan refusant de vieillir et installée dans une adolescence éternelle, et Robinson repliée sur ses acquis, se révèle être une génération mélancolique…

Sans doute la mélancolie d'être passée à côté d'elle-même, fascinée par la trompeuse euphorie matérielle et technologique.

Et la mélancolie de constater que cette superbe n'aura été qu'un grand jeu d'illusion, et que tout reste à inventer… autrement !

Le brouillage des âges et des modes de vie

De *Salut les Copains* à Johnny qui met le feu à Bercy à 60 ans, nous sommes nés, avons grandi, puis vieilli en célébrant la jeunesse et en refusant l'inéluctable. Notre jeunesse perdue est devenue jeunisme, savamment entretenu par les progrès de la science ouvrant sur une longévité accrue et une plus grande maîtrise de la santé.

Les traditionnels marqueurs de l'âge - civil, biologique et subjectif - qui étaient jusqu'alors les trois entrées d'une même réalité, n'ont plus cours. Seul le repère administratif, l'état civil, se maintient tandis que l'âge biologique et l'âge psychique jouent à brouiller les pistes. Il est fréquent qu'un aîné de 80 ans en porte 60-65 et qu'un quinqua qui s'entretient soit aussi fringant qu'un trentenaire ! Les mères Lolitas et les ados qui effeuillent leurs charmes en top models confirmés ajoutent à cette confusion contagieuse.

Anthropologues et démographes observent la naissance, à partir de 1940-45, de deux classes d'âge alors inexistantes dans la démographie des sociétés traditionnelles : les ados choyés du baby-boom et les seniors qu'ils sont devenus (colloque Seniorscopie, Nantes 2004). Nous en avons vécu une et entamons la seconde.

Aux familles nombreuses d'antan, se substituent des concentrations verticales de générations, de 0 à 95 ans et plus ! Dans ce maelström plein de surprises, les relations s'affranchissent des modes conventionnels et déverrouillent les contraintes : besoin d'indépendance, désir d'éphémère, peur de profondeur, sentiment d'urgence, guident rapprochements comme séparations. Dans ces nouvelles configurations, des passerelles se tissent de senior à junior, plus libres et complices que les binômes parents-enfants.

S'y ajoutent les fluctuations familiales banalisées, de la famille monoparentale à la tribu. Ce qui fut en d'autres temps strictement ordonné relève désormais d'une logique de nébuleuse, avec des agrégats provisoires, fugaces autant que surprenants !

C'est à nouveau en position d'expérimentateurs que des millions de seniors se retrouvent au seuil de la retraite, en moyenne vers 55-60 ans, avec la perspective de deux à trois décennies actives. Une situation inédite qu'ils vivent dans la contradiction, entre le possible regain de sens et de sagesse qu'ils appellent intérieurement et la dépression ou la dévalorisation de soi qui est plus souvent leur état d'être. Sauront-ils à nouveau innover dans un domaine psycho-spirituel qui leur est souvent étranger ou seront-ils dépassés ?

La matière semble sourire à beaucoup : leur pouvoir d'achat est optimum, ils ont élevé les enfants, payé les crédits, sont libres de toutes les contraintes organisationnelles et hiérarchiques connues dans la vie professionnelle.

Les statistiques sont aussi pour eux : 60 % de la richesse nationale est entre leurs mains, l'essentiel des mandats politiques et du patrimoine. Ils ne sont pas prêts à céder le pouvoir et on les accuse déjà de vouloir faire payer leurs retraites par les plus jeunes !

Les études fleurissent qui les disent hédonistes et jouisseurs, les définissant exclusivement par leur pouvoir de consommation orienté sur loisirs, tourisme, immobilier, santé, communication, services financiers… Dans ces domaines, leur curiosité cohabite avec exigence, vigilance, versatilité, critique facile…

Forts d'un passé et d'un vécu, ils ne s'en laissent plus conter. Avec soixante ans d'expérience, de consommation et d'information derrière eux, ils semblent connaître tout sur tout, être en attente du meilleur dans le tout petit monde des produits et services. Sûrs d'eux et de leur jugement, leur assurance peut friser l'arrogance dans le domaine de l'avoir.

Leur interventionnisme sur leur principal véhicule - le corps - est prométhéen, le look conditionnant désormais la réussite affective, professionnelle, sociale… Des réussites fragiles et éphémères qui reposent encore une fois sur la volonté de maîtrise absolue de tous les paramètres humains. Un prix à payer parfois écrasant, qui se compte en souffrance, en coût psychologique, en dépendance, le remodelage de chaque partie du corps devenant vite addiction.

Est-ce nostalgie d'un programme d'immortalité peut-être engrammé dans notre ADN, dont le souvenir voilé se ferait pressant à mesure que nous nous en rapprochons ? Hypothèse !

Leur préoccupation centrale, toujours au vu de ces multianalyses : comment « s'occuper ou se divertir » au mieux et rester en bonne santé !

De telles priorités façonnent un consommateur, non un humain du troisième millénaire !

Quinquas, seniors, grands seniors et anciens

Pourtant, derrière ce terme de senior, et au-delà du stéréotype des baby-boomers, se trouvent des réalités et des situations différentes. À quelques années de la retraite, en plein passage ou avec une expérience récente de cet état, ils sont chacun devant l'inconnu d'une vie à redéfinir.

Encore actifs, déjà seniors, les **Quinquas** - les fameux baby-boomers - se retrouvent en fin de carrière ou en début de deuxième carrière avec des préoccupations qui sont celles de la vie active. Encore au mieux de leur forme et de leur potentiel, ils n'en sont pas moins entre deux, entre les quadras qui les poussent et la sortie ! Mais désormais avec une dizaine d'années d'attente. Le report à 65 ans de l'âge légal de départ à la retraite par la loi Fillon fait du cap de la retraite une illusion d'optique. Ils la croyaient proche, elle s'éloigne.

Comment terminer ou rebondir ? Doivent-ils élaborer un nouveau projet professionnel ? Comment concilier leur désir de liberté accrue avec des contraintes dont ils ne veulent plus ? Comment se positionnent-ils dans l'entreprise et la société qui ne cultivent pas un regard très positif sur eux…

Les **Seniors** de 60-65 ans, enfants de la guerre, sont sur la crête qui les place entre deux mondes, celui d'une fin de parcours et l'horizon magnétique de la retraite.

Un état que les plus audacieux aménagent en temps partagé et partiel, en missions diverses, en nouveaux investissements centrés sur le plaisir de se redécouvrir. Disponibles, libres de leur temps, un pouvoir d'achat souvent élevé au regard des nouvelles générations, ils peuvent cultiver passions, centres d'intérêt, rencontres, refaire leurs vies et réactiver libido et amours.

Les **Grand Seniors** de 65 ans à 75-80 ans n'ont plus rien à voir avec les grands-parents à l'ancienne ! À leur programme : les voyages, un peu de bénévolat, un peu d'exercice, de culture et de créativité, sans oublier les petits-enfants à condition de ne pas se laisser envahir…

Ce programme risque de ne pas suffire aux bibliothèques d'expérience et de connaissance qu'ils sont, encore moins de satisfaire l'être intérieur qui appelle de plus en plus fort. Mais qui s'en soucie !

Les **Anciens**, ces grands témoins de 75-80 ans à + 100 ans inaugurent cette génération séculaire qui a vu et vécu, qui sait et qui témoigne. Pour l'instant oubliés ou mis dans des maisons de retraite, ils sont pourtant un pan d'avenir pour une plus grande sagesse de nos sociétés.

L'Être, qui conduit ce livre, étant sans âge, les seniors de toutes les catégories y trouveront leurs réponses intérieures.

CHAPITRE 2

LES « TRIBUS » DE LA RETRAITE

Les choix de vie et le vécu de la retraite permettent de dresser une typologie des tribus de seniors (quinquas, seniors et grand seniors). Ce voyage à travers les comportements laisse augurer l'une des orientations majeures de ce livre : nous sommes chacun de nous créateurs de notre univers.

Tant que l'on reste dans l'ignorance de ses potentiels et des lois de l'être, on est impuissant à changer. Lorsque l'on sait, alors, tout devient possible. Mais si l'on ne fait rien tout en sachant, alors tout empire !

Outil marketing branché et substitut des vieilles catégories socioprofessionnelles qui ont fait leur temps, les tribus sont tendance et de nouvelles appartenances s'inventent chaque jour pour catégoriser les seniors.

J'emprunte ce système d'identification en lui donnant une autre perspective. Très loin d'une approche socio-économique, je propose le point de vue de l'Être, corps-âme-esprit réunis, comme fondement de ces tribus.

Cette approche « supraqualitative » encore absente des principaux organismes d'étude est pourtant promise à un grand avenir dans ce millénaire !

Si le XXe siècle a été celui des rôles, de l'image, des masques et des statuts derrière lesquels chacun se cachait - le règne dérisoire des people en est un dérivé direct - cela aussi se termine. **Or les seniors sont sur la ligne frontière inconfortable séparant l'image de l'être.** Habitués à l'une qui les a occupés durant leur vie, ils penchent vers l'autre presque à leur insu, car là est la vie. Mais n'en connaissant ni la réalité ni le mode d'emploi, ils se méfient et lui préfèrent le connu.

Les tribus holistiques et congruentes

Mots-clés : *la cohérence intérieure, la conscience d'unité, la priorité donnée à l'harmonie et à l'équilibre de vie ainsi qu'à l'expression créative, l'intérêt partagé pour l'Être, l'attention accordée à la nature, à la planète, au respect de la vie dans tous les règnes, la conscience spirituelle et l'action juste.*

Ces tribus préfigurent l'humain du troisième millénaire, ouvert, investi, intégré et aligné, naturellement relié à la terre et au cosmos, responsable de ses actes et principal créateur de sa vie. Leur vie unifiée s'organise autour d'un projet fédérateur, qui est globalement celui du sens et de la conscience attentive apportée à La vie et à leur vie.

Dans un but d'harmonie, ils s'efforcent de mettre en accord leurs pensées, leurs actes, leur existence. La congruence, la cohérence, l'engagement intérieur associé à un sens fort de leur responsabilité vis-à-vis d'eux-mêmes les conduisent.

Encore rares, ces tribus holistiques et congruentes donnent pourtant la direction des temps à venir.

Le plus souvent, elles échappent au scanner des médias, car il faut aller à leur rencontre, les découvrir, les dénicher hors des autoroutes des modes de vie.

Pourtant, lorsqu'on commence à les connaître et à les rencontrer, on ne voit plus qu'eux. Dans une société globalement décadente et pessimiste, ils constituent une trame lumineuse, forte et discrète, dont la joie de vivre n'a rien d'artificiel.

Parmi ceux-ci, les **créatifs multipolaires** et **éco-développeurs** développent des projets de vie riches, globaux, construits sur la création de liens, l'engagement de service, les échanges intergénérationnels, l'expression créative et la mise en place d'un mieux-être et d'une harmonie de vie. La spiritualité - non la religion - y est une question ouverte ou un état naturel, sans aucun dogmatisme.

Pour cette tribu, la construction durant la vie active, d'un équilibre holistique - personnel, familial, professionnel, culturel, spirituel, physique, social... - se prolonge naturellement lors de la retraite.

Sans rupture, ils vivent cette étape comme ils ont toujours conduit leur vie, en étant intensément présents sur plusieurs fronts, la disponibilité en plus.

On trouve là des engagements larges, sans limites, dont beaucoup sont associatifs : alphabétisation, insertion, aide aux chômeurs, cours d'informatique aux enfants de quartiers défavorisés, participation à Amnesty international, aux Restos du cœur, à la Croix-Rouge, bénévolat dans des associations multiples...

Beaucoup commencent une nouvelle vie dans des activités de créateur de liens et de facilitateur.

Leurs centres d'intérêts multiples englobant le corps et l'esprit - marche à pied, tai-chi, création artistique, animation bénévole, stages d'expression personnelle... - génèrent une harmonie globale de vie dans une spirale de croissance intérieure.

Ils ont l'expérience, la maturité, la sagesse et l'amour pour initier des échanges intergénérationnels de qualité, vitaux pour la période que nous traversons.

Ils sont nombreux à entreprendre une démarche intérieure de connaissance de soi par les multiples voies existantes. Dépourvus de toute forme d'exhibitionnisme et de besoin de reconnaissance, ils sont discrets ou indétectables... mais bien présents sur le mode de réseaux d'affinités.

Ceux ayant cultivé une passion créatrice, manuelle, artistique au cours de leur vie professionnelle, font un simple transfert du métier à la passion. Leur transition est grandement facilitée car sous-tendue par cette passion.

On y trouve aussi les créateurs, artistes, designers, chercheurs, entrepreneurs de PME, artisans, consultants, qui fusionnent depuis toujours activité et plaisir. Ils réaménagent plus souplement leur temps travaillé avec leur vie personnelle, tout en conservant le lien avec l'objet de leurs amours, leur « création professionnelle ».

Quelques exemples : « *Un de nos amis ingénieur, puis directeur des Arts et Métiers, ayant un doctorat en automatisme industriel, professeur à l'université américaine Colombia, anime aujourd'hui un atelier de poterie et expose tous les ans, ça suffit à son bonheur... Depuis treize ans, mon épouse crée des costumes de théâtre pour un théâtre amateur : trente-deux robes en bénévolat pour cette saison. Elle les dessine, fait les patrons, choisit les tissus, et les réalise... un vrai plein-temps !* »

Moins investis socialement mais proches de la vie, **les sages.** Cette population de retraités est reconnaissante de pouvoir enfin vivre une vie simple et pleine : leur projet est l'attention à la vie, à l'humain, à l'environnement et à une qualité accrue d'échanges.

Le temps professionnel et le temps de la retraite sont alors plus tranchés. Priorité est donnée à la qualité de l'instant présent, à l'équilibre.

Leur contribution à l'harmonie de la collectivité relève plus d'une vigilance intérieure : s'enrichir humainement, s'améliorer, se donner des objectifs quotidiens. Discrets et humbles, ils ont, sans s'en rendre compte, une véritable utilité publique !

Ils prennent le temps de vivre et dégustent ce cadeau que la vie leur accorde. Plus solitaires ou intériorisés que les précédents, ils organisent leur vie sur des activités impensables lors de la vie professionnelle, comportant des expressions créatives multiples : bricolage parfois très savant et ingénieux, aménagement et entretien de la maison, peinture, réseaux d'amitié et associatifs, petit bénévolat, mieux-être, santé globale… Certains vivent de merveilleuses vies amoureuses !

Les **contemplatifs** mènent une vie calme, intériorisée, recentrée sur soi, non dans l'égocentrisme mais dans le regard intérieur, qu'il s'agisse d'agnostiques ou de croyants.

Quelques-uns, encore rares mais significatifs, font de l'être leur unique projet de vie. Ce peut être le chemin de Saint-Jacques-de-Compostelle en pèlerinage annuel, des retraites méditatives, l'approfondissement de sa mission de vie, des formations de développement personnel, l'ouverture à la spiritualité…

« Créatifs multipolaires », « sages » et « contemplatifs » font une place particulière à leur entourage immédiat ou sociétal, l'enrichissant par leur propre renouvellement de vie.

Ces tribus sont privilégiées non par la fortune mais par leur fidélité à des valeurs supérieures, celles du cœur et de l'esprit. Ayant fait le tour des séductions du pouvoir, du sexe et de l'argent, elles en connaissent la vanité et leur préfèrent la paix, l'évolution intérieure, la qualité de la relation et du service, ou l'expression de leur pouvoir créateur.

Leur aptitude au bonheur semble plus vaste que celle des autres tribus car leur état d'esprit lui est propice et leur mode de vie le favorise.

Les tribus activistes

Mots-clés : *ne pas dételer, le syndrome du faire, la terreur du vide, l'hypnose de l'image, de la position, le quant-à-soi, la volonté mentale.*

Ces comportements concernent principalement des individus ayant fait passer leur carrière avant leur vie, dans le secteur public et privé, les **post-carriéristes**. On y trouve des retraités qui gardent le pied à l'étrier dans leur sphère professionnelle. Ces leaders ou hommes d'image ont une difficulté à « dételer » et à mettre en œuvre des projets personnels car le Soi est une notion qui leur est étrangère.

Leur implication professionnelle a été exclusive et demeure leur unique domaine d'intérêt et de compétence. Souvent, cette univalence s'est accompagnée des attributs du pouvoir et de la reconnaissance : puissance, autorité, bureau, secrétaire, voiture de fonction… l'image prime sur l'Être.

Leur principale façon de se maintenir est de conserver « des positions » extérieures : présence dans les conseils d'administration, implication comme acteur social, associatif, et parfois apport d'expérience dans le même univers.

Conserver du lien avec une expérience passée, prolonger la vie professionnelle, ne pas couper le cordon ombilical est leur exigence, à la différence des tribus précédentes qui font plus facilement de la retraite une ouverture et un partage d'expérience.

Le besoin de reconnaissance, de pouvoir, de territoire est souvent transposé et s'exercera en parallèle, dans le monde associatif ou dans la famille !

Ce qui peut induire des comportements d'activisme pour maintenir un statut dans la nostalgie du pouvoir d'antan… Plus grande aura été la reconnaissance professionnelle, moins ils se laissent glisser dans la retraite pour y vivre de nouvelles expériences.

Dans cette résistance et cette peur du passage, beaucoup se noient dans une suractivité, ne s'autorisent pas de temps pour eux-mêmes, sont dans une fuite et un évitement du plan personnel, prenant des risques avec santé, alcool, cigarettes...

Cette population d'apparence autoritaire et volontaire est souvent démunie et fragilisée pour concevoir un projet d'avenir : elle ne peut projeter de vie future qu'en référence au passé professionnel et à son prestige, ce qui accroît la perte de contact avec la réalité.

On trouve également chez ces activistes les **consommateurs culturels** de l'idéosphère de loisirs, divertissement et culture : souvent extérieurs à eux-mêmes, ils ne se sont pas confrontés à l'être ni n'ont cherché à développer leurs talents propres. Ils ont puisé toute leur vie leurs idées dans les idéologies dominantes, ont consommé les points de vue des mêmes médias et continuent de se nourrir de ce qu'une certaine sphère intellectuelle est censée penser, voir, faire et dire.

Au programme : conférences, leçons du Collège de France, universités, expos, concerts… ils fréquentent les mêmes lieux et se reconnaissent entre eux !

On appelle cela l'identification et le besoin d'appartenance… tout comme les ados se reconnaissent par la signature des marques.

On peut passer une vie d'intellectuel en étant à l'extérieur de soi, c'est le cas de la majorité ! Rarement ouverts aux dimensions plus profondes de l'intériorité, ignorants de l'espace intérieur de l'âme ou du Soi, beaucoup passent la fin de leur vie à théoriser et à critiquer ce que font et disent les autres, prisonniers de leur propre incapacité à être. Leur effervescence brillante cache mal la peur d'être.

Contrairement à ce que croit encore notre société, la consommation même culturelle est un autre écran pour ne pas être ou pour rester à la périphérie de soi.

La perspective de la retraite se fait alors angoisse, terreur du retrait et de la fin annoncée. Car l'on sait que vient un moment ultime où tous les masques tombent. Et là, que restera-t-il de ce trop-plein de consommation de loisirs ou de culture ? À côté de quelle expression essentielle de soi sera-t-on passé dans cette boulimie consommatoire ?

Les tribus de l'ombre

Mots-clés : *subir, renoncer, dépendre, se déprécier, être pessimiste...*

Accablés, peureux, aigris, hautains, inscrits dans une victimisation récurrente - mais d'abord victimes d'eux-mêmes, - ils poursuivent naturellement leurs tristes schémas lors de la retraite.

Les **DSF, Dépressifs-Frileux-Soumis,** se caractérisent par l'absence de tout projet de vie avec les maux que ce vide engendre. Leur manque de conviction d'eux-mêmes aggravé d'un autojugement souvent cruel devient une force d'autodestruction qu'ils ne contrôlent pas… car ils ne la reconnaissent pas.

On y trouve les retraités refermés sur le petit noyau familial, ceux qui se laissent grignoter par les contraintes de leurs enfants et par le baby-sitting. Ils perdent rapidement le rythme.

Beaucoup se disent : on a 60 ans, on est entouré de gens qu'on connaît, ça suffit ! Dans ce rétrécissement de vie, on observe que cette tribu ne bat pas des records de longévité, car s'excluant de l'envie de voir, de vivre, de vibrer, d'aimer, de découvrir le petit détail qui fait chatoyer l'œil jour après jour.

Il y a ceux qui ont subi leur vie et perpétuent ce conditionnement en subissant la retraite, incapables de maintenir leurs capacités adaptatives, car se jugeant incapables. *« Ils n'ont ni les moyens ni le courage de se donner les moyens, analyse un quinqua : ils ont subi les événements plus qu'ils ne les ont anticipés. Ils les ont vécus parce qu'ils sont arrivés, non parce qu'ils les ont préparés. Trop soumis, trop encadrés, trop sous cloche, ils ont du mal à s'extérioriser, ils auront du mal à se mettre en projet de retraite. »*

Les **effondrés** ont souvent basculé d'un palmarès professionnel remarquable qui leur donnait l'illusion d'exister, au rien qu'ils ne supportent ni n'acceptent. Ils se laissent aller, les réseaux d'amitié s'amenuisent, ils perdent le rythme, se plaignent, sombrent dans une platitude de vie. Sans projet, leur vie est derrière. Ils accélèrent ainsi le processus de vieillissement et s'inscrivent dans une spirale dépressive.

En miroir inversé mais dans la même problématique, ceux qui ont tout raté - ou l'ont cru - et s'y sont installés. Sans autre horizon que le rien ou la négativité savamment entretenue, ils expérimentent alors le trou noir.

Trou noir ? S'y engouffrent les multiples pathologies de dépendance - consommation compulsive d'achats, de nourriture, d'alcool, de sexe, de fantasmes, de médicaments, de cigarettes, de jeux, d'articles, de spectacles, de thérapeutes, de technologies… -, les dépressions chroniques, les maladies lourdes… Combien de cancers ou d'infarctus se déclenchent dans les deux ou trois ans suivant l'entrée en retraite…

Ne pas oublier le club des « **outamal** », enfermés dans les pleurnicheries et la vision déclinante de la vie, souvent critiques et faisant assaut de jugements abrupts à l'égard de tout un chacun, incapables de voir leurs propres travers. Ceux-là ne s'aiment pas, ne se sont jamais aimés, comment pourraient-ils aimer les autres !

Les **dépendants** vampirisent le conjoint qui travaille encore, demandent des comptes, s'ennuient… Y pointent **ceux qui attendent, ceux qui dépendent**, ceux qui se lèvent tard et ne font pas grand-chose de leur vie !

Enfin les **dites minorités** telles que femmes seules, chômeurs de longue durée, groupes à risques, en difficulté financière et psychologique. Un groupe dont les effectifs gonflent d'année en année…

Des revenus insuffisants, des problèmes de loyer, de santé, familiaux, qu'ils savent ne pas pouvoir affronter, sont directement à l'origine des pathologies du stress, lui-même responsable de l'affaiblissement des défenses immunitaires et de la vitalité. Le cercle dans lequel ils s'enlisent est bien vicieux et la société - nous tous - a une lourde responsabilité dans ces descentes en enfer quotidiennes que beaucoup vivent.

Moralité tribale

La retraite est inévitablement **le début du retour à soi, le passage du Faire à l'Être**.

À cette étape, le réveil peut être brutal autant que salutaire.

La période de réaménagement qu'implique cette transition peut être vécue, selon les filtres personnels de chaque tribu, comme la crise majeure ou comme l'opportunité de vie. Certains seront dans une continuité avec la vie écoulée, d'autres en rupture.

Beaucoup se définissent et tirent leur identité de **ce qu'ils font** : « *je suis mon rôle, ma profession, mon statut, ma fonction, mon portefeuille d'activités, mon faire...* » Mais qu'ont-ils encore à prouver à leurs propres yeux et aux yeux des autres par cet activisme fermé à la petite voix ? L'identité ne tire sa légitimité que d'elle-même, non de l'approbation d'autrui : **je suis ce que je suis, avant que d'être ce que je fais**.

Devenir senior, c'est se confronter à la **perte du statut identitaire** et des repères extérieurs qui lui sont liés, encore nommée **peur du rien, du vide**. Certains ne le supportent pas et s'effondrent ou développent des stratégies de fuite qui les rattraperont plus ou moins rapidement.

Par contre, ceux ayant recherché tout au long de leur vie un équilibre global, personnel, familial, professionnel, culturel, physique, social, spirituel… vivront cette transition dans la souplesse et l'unité.

Lorsque la quête du sens et des valeurs, l'épanouissement de soi, la mise en place d'une passion, le mieux-être, la création, l'ouverture aux autres, à la planète, à l'univers… guident la vie, le changement s'inscrit dans une continuité, non une rupture. **C'est la clé de la congruence.**

L'approche de la retraite est le moment rêvé pour se préparer à **ce basculement du faire à l'être**, véritable renversement de perspective pour la plupart.

Bien sûr, ce **saut de conscience** appellera d'autres arbitrages, de nouveaux équilibres, comme à chaque grande étape - déménagement, mariage, séparation, licenciement, enfant, maladie…

Dans ce retour à l'être, à l'intériorité, tout sera à renégocier : les rythmes qui désormais partent de soi, non d'une obligation extérieure ; l'espace conjugal, familial, amical pour ne pas se faire voler sa liberté toute neuve ; les territoires intérieurs encore inconnus lorsque l'on va à la rencontre de ses potentialités.

Cette exploration peut se mener dans une liberté adolescente, dans une disponibilité enchantée, comme un retour magique à ses jeunes années.

C'est dans ce cadeau de temps libre que chacun peut redécouvrir qu'il est seul créateur de son univers.

C'est l'invitation de ce livre.

La voie des Cultural Creative

Je reviens sur les tribus holistiques et congruentes citées plus haut.

Ces tribus qui tracent la voie de demain me semblent s'apparenter aux créatifs culturels identifiés par le sociologue Paul H. Ray et la psychologue Sherry Ruth Anderson, à la suite d'une enquête de quatorze ans auprès de cent mille américains. L'émergence massive (près du quart de la population adulte américaine) de cette nouvelle culture avait fait date lors de la sortie de leur livre, au début des années 90. (Se référer à sa traduction parue en 2001 aux Éditions Le Souffle d'or, « *L'Émergence des créatifs culturels*, enquête sur les acteurs d'un changement de société », Paul Ray et Sherry Ruth Anderson.)

Présents dans toutes les catégories de population, les créatifs culturels se différencient de la vision du monde des modernistes, dominée par la technologie et l'économie, l'individualisme et le matérialisme. Et de celle des traditionalistes, orientée vers le passé.

Ils se regroupent autour de plusieurs axes : *« les valeurs féminines, le développement personnel, la psycho-spiritualité, l'écologie, les méthodes naturelles de santé, les médecines douces, l'alimentation bio, l'implication personnelle et responsable dans la société, l'idéalisme, l'engagement solidaire ».*

Ils se détachent de la vision matérialiste du monde pour aller au-delà du système... Ils sont à la pointe et à l'origine de certains des changements récents les plus intéressants de la culture américaine. Il se pourrait qu'ils soient les chaînons d'un rite de passage collectif qui nous guide vers une nouvelle forme de culture... Dans cette période de transition entre deux visions du monde, qui marque un tournant de civilisation, les créatifs culturels proposent un "code de conduite pour l'avenir" ». (*Business Digest*, juillet 2001.)

Pour l'heure, une étude européenne consacrée à l'existence et aux spécificités de « nos » créatifs culturels n'a pas encore été lancée. Quand elle le sera, elle ouvrira bien des voies nouvelles dans la compréhension - et surtout la conscience - des modes de fonctionnement et des valeurs d'une partie importante mais toujours ignorée de la population. Elle expliquera aussi bien des énigmes, lorsque la parole nous était donnée par le vote et que nous en usions différemment de ce qu'anticipaient les politiques et les sondages.

Si elle n'est pas représentative quantitativement, l'étude que j'ai menée à mon échelle m'a placée sur la route de plusieurs de ces représentants d'une vision alternative et holistique, centrée sur la cohérence intérieure, l'authenticité et les valeurs du cœur.

Lorsque les puissants leviers de changement qu'ils représentent seront opérationnels, bien des bouleversements de conscience et de vie pourront s'engager. Ceci à l'échelle d'une société, d'un pays, d'un continent, d'une humanité.

Ces tribus rejoignent également les conclusions de l'ouvrage *Vivre, la psychologie du bonheur*, de Mihaly Csikszentmihalyi paru chez Robert Laffont en 2004, grand succès d'édition à juste raison.

Cherchant à faire d'un aspect de leur vie ou de leur vie entière « l'expérience optimale », elles sont attentives à optimiser leurs aptitudes et plus largement à valoriser les potentialités que la vie propose.

Régies par un ordre intérieur fort donné par le sens, ces tribus ne se perdent pas dans le mirage des sensations extrêmes, mais se recentrent sur ce qui les fait croître, évoluer, développer leurs compétences et talents et avancer sans fin sur le chemin de la création.

« "Le soi autotélique" a ses propres buts qui ne proviennent ni des besoins biologiques ni des conventions sociales mais émergent du soi : ils sont congruents...

L'organisation de la vie à l'aide d'un projet et d'un engagement a pour conséquence l'harmonie intérieure et l'ordre dynamique des contenus de la conscience... Un projet de vie néguentropique apporte l'harmonie dans la vie des autres.

Quand il y a trop d'exigences, de possibilités ou de défis, l'individu est anxieux, quand il n'y en a pas assez, il s'ennuie. Il faudrait un système qui fournisse des règles de vie propices à l'expérience optimale, et qui oriente l'énergie psychique vers des buts ayant du sens ».

Ce système n'existe pas aujourd'hui dans nos sociétés. **C'est donc à chacun de nous à le mettre en place dans nos vies.** La disponibilité de temps et d'esprit des seniors en fait à nouveau des PRÉCURSEURS pour mettre en application dans leur vie ces nouveaux modes de pensée.

Ces pages en proposent le fil rouge, en même temps qu'une voie d'accès à l'état de bonheur.

DEUXIÈME PARTIE

RETRAITE, LES TURBULENCES DU GRAND VIRAGE !

L'une des particularités des actifs est d'être le plus souvent le nez dans le guidon, sans recul et totalement identifiés aux pressions et contraintes qu'ils subissent.

L'activité professionnelle confronte aux composantes et aux embûches du monde extérieur. Mais la plupart ignorent ou négligent ce jeu de miroir avec le monde intérieur. Ils se perdent dans les pièges de la matière : toujours plus, coûte que coûte et à tout prix, qu'il s'agisse de sexe, d'argent, de consommation, de reconnaissance, d'image, de sensations, d'attachements, de divertissements...

Quelques décennies plus tard, à l'approche de la retraite, la facture est lourde : stress et épuisement des corps physique et psychique, conflits relationnels provenant de l'amenuisement des émotions de vie - joie, compassion, tendresse, liberté, croissance... - au profit des émotions et comportements d'ego - envie, jalousie, colère, entêtement, domination, manipulation, dépassement… Au final une insatisfaction profonde de soi.

On ne sait ni quoi ni pourquoi sinon que l'âme souffre, s'ennuie, refuse son confinement et multiplie ses signaux d'alerte et de malaise. Il y a ceux chez qui l'âme s'est tue pour avoir été bâillonnée sur le long cours, pour s'être vu préférer l'ignorance volontaire à la rencontre d'amour avec elle.

CHAPITRE 3

LES DÉNIS ET LA CULTURE DE LA PEUR

Beaucoup, dans la vaste remise en question de cette période de vie, vivent le boomerang de cet abandon d'eux-mêmes... par eux-mêmes : dépressions, maladies graves, séparations, rétrécissement de vie, désinvestissement relationnel, vieillissement, aigreur, laisser-aller... et bien sûr absence de tout projet de Soi et de la moindre vision d'avenir.

Les enfants sont partis, la vie est passée, on répète, on recycle, on s'endort... pour ne plus se réveiller. Appelons cela le coma terrestre !

Simultanément, la plupart ont mis en sourdine, pendant ces décennies professionnelles, des questions et des rêves qui n'avaient pas leur place - du moins voulait-on s'en convaincre ! - dans ce temps de la vie.
Est-ce cela vivre ? Est-ce cela être ?

Le déni de la maturité relève d'une contagion virale qui touche chacun individuellement et collectivement.
La désertion de l'être et de l'intériorité est une impasse évolutive majeure de notre société, qui la conduit dans le mur.

Conséquences ? Jusqu'alors latentes et cachées derrière tous les airbags de sécurité du système, les peurs se réveillent. Et un matin, il n'y a plus qu'elles…

Partir ? Ouf !

La transition de la retraite est bien sûr associée à la libération des obligations multiples qui pèsent sur le quotidien.
À cet allègement, s'ajoute la joie de **se mettre enfin en conformité avec ses valeurs et convictions**. C'est également la promesse de s'ouvrir à de nouvelles expériences et de faire porte ouverte à des potentialités encore inexplorées.
Joie, oxygène, liberté d'être enfin affranchi d'un système contraignant trop souvent subi sont les sentiments dominants.

C'est le bonheur d'une respiration nouvelle, sans chefs ni horaires, celui de pouvoir enfin se poser, avoir du temps pour soi, être déchargé de responsabilités professionnelles écrasantes.

La libération et le soulagement espéré revêtent plusieurs possibles : être son propre patron, commencer une autre vie, profiter de l'instant présent, faire ce que l'on aime… Pour les uns, ce sera profiter davantage des amis, de la nature, des parents ; pour d'autres, il s'agira de découvrir ses propres talents, d'installer un état d'être plus serein. Certains plus vigilants s'occupent de bien gérer la transition, sachant que d'autres scénarios de vie, d'autres rencontres se préparent.

Du rythme retrouvé, vient l'expérience de la liberté, celle de ses propres désirs, de ses propres choix et de leur mise en œuvre.

Décider de soi en n'en référant qu'à soi est un état euphorisant et dynamisant. C'est le début de la réappropriation de son identité et de son intégrité.

Comme le résume un senior, *« il ne s'agit pas d'une liberté consistant à ne rien faire ou à faire n'importe quoi, mais d'une liberté qui permet d'organiser soi-même son temps, de définir ses projets, de décider de ses actions. Pouvoir faire ce que je veux, avec qui je veux, où je veux, quand je veux ! »*

Oui, mais…
La transition de tous les dangers !

Or, ce volet idéal précède souvent de profondes déstabilisations. Toute transition correspond à une perte de repères. Les équilibres et les anciennes configurations sont inadaptés, les nouvelles architectures de vie ne sont pas encore ébauchées et l'on avance sans rien connaître du futur.

La conviction d'une maîtrise de sa vie, souvent développée durant la vie active, se dissout soudain.

Dans ce temps de flottement, incertitude et anxiété sont au rendez-vous, réactivant les schémas d'angoisse non résolus de chacun. C'est alors que l'on se retrouve avec soi, dans sa vérité.

Ainsi le passage à la retraite est pour beaucoup la plus grosse crise traversée, et c'est là que le « coup de vieux » peut frapper ! Combien pataugent, se débattent, sont perdus, s'effondrent parfois, sans pour autant le reconnaître.

Ce temps d'adaptation plus ou moins long - souvent plusieurs années - peut évoluer vers de profondes dépressions, des maladies, des décès, des séparations. Avec l'isolement, la perte de curiosité, de passion, d'élan. Et la régression sur la nostalgie d'une histoire de vie qui s'achève.

Ces seniors en crise ne savent pas que les changements qu'ils redoutent sont l'occasion de **devenir** ce qu'ils n'ont peut-être jamais osé être et exprimer. Ils ne croient pas qu'il leur appartient de prendre en main leur vie… **parce que rien ni personne - Éducation nationale, société, médias, pouvoirs publics - ne les a préparés à cela**.

Au cœur du paradoxe : Alors que le rêve de la retraite en a soutenu plus d'un durant la vie professionnelle - souvent par manque de reconnaissance ou absence d'épanouissement - certains la voient approcher comme un renoncement, une démission, une exclusion, un exil de la « vraie vie ».

Les multiples contradictions de notre société viennent se cristalliser sur **le noyau de peur** de chacun, amplifiant les déséquilibres.

D'un côté, la peur des changements, l'égoïsme individualiste, la tentation du repli et de l'enfermement, le besoin d'indépendance cultivé par toute une génération qui n'a cessé de revendiquer sa liberté.

De l'autre, l'envie de renouveau, le désir de s'ouvrir à de nouvelles rencontres et expériences, l'aspiration à participer et à s'impliquer dans la collectivité pour plus de solidarité et de convivialité.

D'un côté des systèmes de croyance laissant entendre que les seniors sont obsolètes, perdent leurs capacités d'apprentissage, d'adaptation, de performance physique et intellectuelle.

De l'autre, des avancées de la science affirmant que la plasticité cérébrale permet d'apprendre toute sa vie et que l'on peut remettre à jour ses savoirs sans limite d'âge.

Si les rythmes se transforment avec l'âge, les performances persistent, **sur la base d'autres critères que les plus jeunes**.

Par contre, si la motivation faiblit, peut-être faut-il en rechercher la raison dans les systèmes en place ou dans l'âme négligée, **non dans les gènes** des seniors !

Que faire lorsque l'âge est perçu comme une maladie et un risque mortel ? Que faire lorsque l'on est confronté à une culture publique et privée qui pousse vers la sortie précoce du marché du travail alors que l'âge psychologique et physique est au top et que le désir d'accomplissement personnel reste insatisfait ?

La non-valorisation de l'expérience

Ceux que l'on nomme seniors sont détenteurs d'un trésor d'expériences de par leur vie. Ils sont pourtant les premiers à se sous-estimer, se conformant en cela aux croyances collectives puissamment intériorisées.

Le regard sur cette génération est ambivalent, particulièrement pour les 55-65 ans encore actifs.

Le plus souvent dépréciatif en fin de parcours professionnel, il s'appuie sur des arguments erronés tels que : laissez la place aux jeunes, vos compétences s'épuisent, votre créativité s'assèche, votre adaptabilité diminue avec vos forces… Trop de seniors se conforment encore à ce système de croyances collectif.

Simultanément et inversement, on assiste à un discours mobilisateur valorisant l'expérience et l'expertise, l'acquis du réseau, une liberté familiale relative - les enfants se sont envolés vers leur propre vie - et une maturité qui vaut sagesse.

Inscrits dans cette dynamique, un nombre encore marginal de seniors entre 55-65 ans se retrouve au seuil d'une « deuxième carrière ou deuxième vie », destinée à valoriser ces acquis par un projet professionnel personnalisé.

Les bilans de compétences permettant de piloter le renouveau des trajectoires professionnelles feront la fortune des cabinets de formation dans ces proches années, mais pour l'heure, cela ne concerne encore qu'un petit nombre de seniors.

Il existe bien, dans quelques entreprises, des sensibilisations à la retraite principalement orientées sur un rapide check-up de santé physique et psychologique, mais sans réelle démarche partant de l'être et des aspirations profondes. **La profitabilité immédiate et le temps de l'être ne sont pas encore ajustés !**

Mais pour la plupart, une fois le senior parti, clic corbeille !

Alors que nombre de seniors sont devenus des experts dans leur domaine, aucune valeur n'est prêtée à leur expérience, le plus souvent faute d'avoir été identifiée. Déficit de reconnaissance pour le service rendu et éviction précoce… Comment un talent non valorisé et non reconnu pourrait-il être transmissible !

Le pont entre le senior actif et le retraité n'est pas construit, pas même dessiné, ni esquissé.

Seul le monde associatif sait parfois en reconnaître la valeur. Pour le reste, le retraité est uniquement **LA cible marketing idéale pour la consommation et le vote**.

« *Si l'on continue à affirmer aux gens qu'ils sont vieux à 55 ans, c'est passer outre l'expérience de vie. Souvent, le discours sur la retraite est de dire : vous n'êtes plus dans la vie. Nous sommes pourtant pleinement dans la vie réelle, nous avons supprimé contraintes, insatisfactions. Nous ne sommes ni inactifs, ni à la charge de la société* » déclare un retraité de 65 ans dont l'agenda électronique se remplit quotidiennement d'imprévus relationnels et créatifs.

La perte des compétences et la perte de la mémoire : Aujourd'hui en France, seulement 10 % de la population de 60 ans a encore une activité professionnelle, le taux d'activité reste donc encore très faible dans cette tranche d'âge. Contrairement à d'autres pays européens (nordiques notamment), il n'existe pas de marché du travail pour les seniors.

Quelques entreprises américaines commencent à se rendre compte que des ponts d'or sont perdus par des savoirs non transmis. En Finlande, plusieurs années de campagnes de communication ont associé **le concept de ressources vives** aux seniors, et ça marche ! À quand une telle démarche célébrant le trésor de l'expérience et le potentiel des seniors ?

Dans les prochaines années, il sera de plus en plus fréquent que le poste du partant ne soit pas renouvelé.

Ces départs occasionneront différents niveaux de pertes de mémoire, de compétences, de liens, de réseaux, de stratégies… - qui pourraient être évitées, ainsi que leurs impacts psychologiques. Pourtant, même alertés, la plupart des responsables des ressources humaines n'en ont pas encore pris la mesure.

De féroces stéréotypes : trop vieux ? La société - chacun de nous ! - est peu complaisante envers les quinquas/seniors en fin de carrière. Elle associe la retraite à un repli et à une fin de vie, n'en retenant que le sens extérieur.

« Tu vas enfin pouvoir te reposer, prendre du bon temps ! ... Tu vas aller à la campagne passer ta retraite... 50 ans... c'est vieux !... À 55 ans, à 60 ans, on n'est plus dans la vie ... Restez actifs, mais éclipsez vous ! »

Ces réflexions si répandues sont révélatrices de l'état d'esprit d'un grand nombre d'actifs vis-à-vis de cet âge : la retraite sonne comme l'appel au retrait, à la passivité, au repos, précédant le grand repos !

Bienheureux retraité qui ne connaît pas son bonheur : il va enfin échapper au stress, à la productivité, aux chausse-trappes des collègues, à la récrimination des patrons et aux contraintes pour vivre le long fleuve tranquille de la vraie vie !

Ne rien faire, se reposer est une merveilleuse halte dont on peut se réjouir un temps. Mais ce n'est pas là la vie ! La planète attend impatiemment notre réveil !

Notre époque est encore moins compatissante envers les quinquas au chômage de longue durée. Ceux-ci sont confrontés à une double anxiété : ne pas retrouver d'activité jusqu'à l'heure du départ car « trop âgés » et voir amputer une retraite déjà écornée par le non-emploi. C'est la qualité de la dernière période de leur vie qui est alors amoindrie. Toujours plus nombreux, ils sont relégués au **cachot médiatique** de la société. Sans porte-parole, sans image sinon circonstancielle, ils n'ont d'autre existence officielle que les statistiques.

Barre-toi... Quant aux retraités qui gardent un lien avec l'entreprise, il arrive qu'ils dérangent... Souvent, les actifs tendent à les considérer comme des « *has been* » qui s'accrochent, incapables de décrocher.

Derrière le jugement, se cache la peur du sage qui dort derrière le nombre d'années, susceptible de perturber l'ordre privé ou public de l'entreprise.

Si l'on admet plus de liberté de la part d'un artiste, d'un chercheur, d'un consultant, ne pas dételer dans une activité salariée et vouloir travailler bénévolement paraît fou, « *out* », inenvisageable.

« Aujourd'hui on favorise les carriéristes, la présence du senior référent, du sage, est un témoignage qui gêne. La technocratie actuelle essaie de les virer car ils sont la mémoire de l'entreprise, ils ont l'aptitude de prendre les problèmes autrement ! Le senior qui reste en place peut

gêner le management autoritaire qui passe en force, alors que le management de conciliation s'enrichit des contradictions. »

Un jeunisme invétéré... Même si des changements sont impulsés suite à la loi Fillon, les seniors sont encore éloignés de la mobilité et de la formation et traversent le désert d'une discrimination fréquente. Ainsi, vivent-ils ce paradoxe français : alors que la durée de vie est prolongée de façon exponentielle, le temps professionnel reste peau de chagrin.

Le saboteur intérieur

Aux systèmes de croyances de la société et de l'entreprise, s'ajoute l'entreprise d'autodestruction de chacun, histoire de fermer toutes les issues de secours !

Qui s'étonnera qu'à force d'intégrer des messages négatifs, chacun finisse par s'en convaincre. C'est ainsi que fonctionne le système !

Regardons les principales croyances limitantes développées durant cette transition des âges.

Je suis nul ! C'est l'heure où le déficit de reconnaissance est le plus amer, l'expérience et les capacités propres à la maturité n'étant ni reconnues ni prises en compte.

Alors que les employeurs ne savent pas ce qu'ils perdent, ces chômeurs de longue durée ou les préretraités qui ne l'ont pas choisi entendent, dans ces situations de faible estime de soi, qu'ils ne sont plus bons à rien. Une perception contagieuse pour l'entourage familial, amical et relationnel.

Il en naît un schéma d'autodévalorisation amenant au « Je suis pas cap ! ».

Une formule couperet qui se retrouvera dans des conduites punitives : je ne suis pas capable de me prendre en main à la retraite, je suis un bon à rien.

Ces conduites d'échec sont constamment réactivées par le regard superficiel de la société.

Le témoignage d'une femme de 59 ans, vivant un chômage intermittent depuis 1987 au travers de missions d'intérim, et au chômage longue durée depuis 1999, est représentatif des nombreux seniors expérimentant ces situations fragilisantes.

« *On me reproche mon âge alors que je sens que mon potentiel est intact. Il manque la sauvegarde de l'expérience, du savoir : pourquoi licencier ceux qui ont l'expérience et peuvent en faire bénéficier ceux qui arrivent. La maturité permet d'enseigner ceux qui commencent. Moi, je suis mûre, j'ai mon expérience de la vie. La sagesse va plus loin que le métier, elle est dans ce qu'on a acquis au cours de la vie. On me dit que l'on recherche des gens de la cinquantaine mais on ne me rappelle pas. On me dit : "vous avez les atouts" mais c'est le silence ! On ne pense qu'aux jeunes, au regard desquels les seniors deviennent* *des personnes "âgées". L'âge pour les entreprises est un handicap. Depuis 1987, je ne connais plus que les CDD, l'intérim, plus de promotion ni de 13e mois, plus de congés payés. »*

Qui suis-je ? C'est des questions pour les autres ! Même si cet âge de la vie est fréquemment l'occasion d'une ouverture intérieure à d'autres dimensions que le matérialisme, les seniors sont encore nombreux à associer le développement personnel et les démarches individuelles de mieux- être à des prises de pouvoir sectaire, compte tenu de la politique de « chasse aux sorcières » qui sévit depuis quelques années.

Beaucoup sont réticents, voire apeurés de tout questionnement intérieur et ne s'avouent pas les questions essentielles qui les taraudent pourtant : la vie, la mort, la maladie, le sens, les valeurs, l'amour…

Aussi ont-ils fréquemment peur d'entreprendre une démarche intérieure, n'étant pas une génération qui a « travaillé sur soi », attitude bien plus développée aujourd'hui. Faute de se remettre en question, ils restent donc dans le brouillard en ce qui concerne leurs aspirations profondes.

Ils sont par contre très en demande d'orientation, de conseils, d'éclairages, de pouvoir se confier.

Mon potentiel ? Il est derrière ! Le plus souvent ignorants de leurs acquis et de leur potentiel passé, ils ne pensent pas à s'ouvrir à l'acquisition de nouvelles connaissances ni à développer d'autres potentiels laissés en jachère.

Ils disposent d'une grande expérience, de savoirs, de savoir faire, mais qui, dans leur entourage, les aide à en prendre conscience, à les valoriser et à les transmettre ?

La culture de la peur

La grande peur : n'être plus rien. *« Du jour au lendemain on n'est plus rien, on se sent inutile, sans pouvoir, plus de statut, tout est à recommencer »,* me dit ce retraité.

Il est encore mal vu de n'être rien - en apparence - aux yeux de ceux qui n'ont d'identité que sociale. Alors que **le passage par le RIEN est le début de la rencontre avec soi.**

Comment vit-on ce rien ? En le niant et en utilisant toutes les stratégies pour le fuir comme le montre le chapitre suivant.

Particulièrement pour tous ceux qui n'ont vécu que sur le mode de **l'avoir**, de la recherche de **sécurité** et de **confort**, les trois mamelles d'une démocratie démagogique, idolâtrant le pouvoir d'achat et la croissance. J'ai l'exemple d'un cadre de 58 ans qui me dit qu'il commence à avoir peur de l'avenir : « *j'ai ma maison, j'ai une famille, mais je ne sais pas ce que je vais faire* ».

J'ai... l'avoir... et au final on n'a RIEN, **on ne possède rien ni personne**. C'est alors que tout peut commencer.

Si les modèles de la performance et de la compétition extérieure sont parfaitement intégrés dans **une société de « survie d'abondance »**, personne ne nous a appris à voir dans les ruses, simulacres, subterfuges intérieurs, des ennemis bien plus puissants que ceux que l'on a affrontés au dehors toute sa vie.

La véritable *djihad* est la guerre intérieure contre ses propres pulsions et ses monstres du dedans. **La maîtrise est là**, non dans l'extermination d'ennemis extérieurs qui se représenteront toujours plus nombreux, toujours plus invincibles.

Dans une société régie par l'image, l'effondrement d'une image officielle, souvent superficielle et extérieure, est inévitablement suivie d'une petite mort… pour ceux aveuglés par l'illusion.

Avant de rencontrer l'être intérieur qui lui n'est pas une image mais une réalité profonde, il faut retraverser tous les masques illusoires que l'on s'est donnés : cela s'appelle mourir à soi et à l'identification à ses croyances superficielles.

Ni l'éducation, ni les modèles en place n'y préparent, au contraire, la plupart des médias entretiennent une image sulfureuse sur les démarches et méthodologies permettant d'aller à la rencontre de soi. Encore une inversion dangereuse car quoi de plus naturel que de se retrouver.

Le « connais-toi toi-même » a été le berceau d'un temps oublié de notre civilisation. Longtemps proscrit et diabolisé, il réapparaît massivement au vu de l'urgence globale.

Sortir vainqueur de cette traversée est une véritable expérience de maturité, car alors, on devient indéracinable, ne puisant qu'en soi sa force, ses ressources, ses talents, et non plus dans le credo d'artifices.

Cette période de la vie est donc à renforcer, la plupart ne disposant pas des outils d'intériorité permettant d'y faire face, **principalement les hommes encore très éloignés de cette culture de l'être**. Il suffit de constater leur absence ou leur difficulté dans les stages de développement et d'expression personnelle. Toutefois, leur ouverture se prépare.

La nouvelle trame d'anxiété : Étouffées durant la vie active, les peurs n'ont pas pour autant disparu. Alors qu'elles ressurgissent avec une puissance démultipliée, il n'est plus possible de leur échapper.

Ces peurs sont multiples : peur du vide intérieur, de la perte de territoire, de ne pas laisser de trace, de la vieillesse, de la souffrance, d'affronter son conjoint, du départ des proches, des parents…

Elles ont attendu leur heure et leur réveil peut tourner au cauchemar, d'autant que l'écran des obligations professionnelles n'est plus là pour les masquer et les mettre à distance.

Alors qu'ils se croyaient libres des contraintes, les retraités évoquent ainsi un nouveau type d'anxiété, bien différent des stress organisationnels et des dépendances relationnelles de la vie active.

Cette anxiété est plus intérieure, plus profonde, plus diffuse, multipolaire, tissée comme une trame serrée et oppressante.

Ils la nomment inactivité, solitude, ennui, peur de se sentir inutile, de rester sur le trottoir et de ne pas se renouveler, peur de vieillir, peur de mourir…

On pourrait la résumer très simplement en la **peur de se rencontrer**.

La question est de savoir qui est le maître : les peurs ou nous ?

Cette trame d'anxiété a son origine dans plusieurs attitudes :

• la projection sur ses enfants ou sa famille de schémas de stress que l'on appliquait auparavant à la vie active. Simple transfert de comportements jamais conscientisés ni réglés, cette angoisse est obsédante et pernicieuse dans la durée ;

• la perte de l'identité sociale une fois le rôle officiel disparu : plus de pouvoir, plus de statut, plus d'image ;

• la remise à zéro mentale et parfois affective, associée à cette transition ;

• l'interrogation sur les nouvelles activités que l'on va mettre en place, le fameux : « mais que vais-je faire une fois à la retraite ! » ;

• et pour certains, l'obligation de continuer à travailler pour arrondir des fins de mois serrées, avec l'amertume associée à cette obligation : « *j'ai travaillé quarante ans pour ne même pas accéder à une retraite digne !* ».

Quelles sont les peurs qui accompagnent ce cap ?

Celles des seniors en activité sont majoritairement liées aux problèmes éventuels de santé. Alors que vieillesse et mort paraissent encore lointains et abstraits, les maladies sont obsédantes car plus concrètes.

En second lieu, la peur de se retrouver seul. Elle est doublement nourrie par la toile de fond d'un célibat qui gagne tranquillement tous les âges de la vie et par les séparations fréquentes lors des transitions.

Si l'ennui, à ce temps de la vie, ne semble pas être ressenti comme une menace réelle, plus angoissantes sont les difficultés financières et matérielles dues à une retraite minuscule.

Et cette autre peur… « *Ma peur ? Ne pas réaliser ma vérité d'être* » me dit une jeune femme de 45 ans.

Exception ? Apparemment au vu d'un discours ambiant qui n'est que la partie visible de l'iceberg. Mais on s'aperçoit rapidement que cette préoccupation est loin d'être rare. Car tous, **nous sommes des êtres de projet aspirant, le plus souvent sans le savoir, à accomplir notre projet d'âme. La souffrance et le mal-être de notre société n'a d'autre cause que la coupure d'avec l'âme**.

Une fois retraités, les menaces sur la santé - donc sur la vie - deviennent centrales pour les seniors.

Peurs inévitables dans une société qui cultive un discours sécuritaire de santé publique et entretient une culture médicalisée et interventionniste au travers des médecines officielles.

Majoritairement ignorants de la culture de la prévention installée dans les pays asiatiques, **les Français sont paradoxalement bien plus démunis face à la maladie car non responsabilisés par rapport à leurs propres maux**.

Même si cette attitude commence à se diffuser, elle reste marginale, principalement présente chez des personnes en démarche personnelle, plus conscientes de leur propre responsabilité dans les processus de maladie et de guérison.

Au-delà de nos frontières, ce modèle de la peur s'aligne largement sur celui des États-Unis, qui font de la dissémination de la terreur leur principale stratégie de communication : terrorisme, guerres nucléaires, scénarios climatologiques catastrophiques, épidémies, virus…

Qu'il soit enfin reconnu la responsabilité de ce pays, dans **l'empreinte de peur qui asservit et obscurcit l'inconscient collectif de l'humanité**.

Dans nos sociétés virtualisées, le passage de la réalité à la fantasmagorie est invisible, immaîtrisable pour ceux qui n'ont d'autres balises que l'information.

Ce n'est pas d'information dont nous avons besoin, mais de compréhension profonde des créations psychiques de l'humain. En cela, nos sociétés dites de progrès sont incultes.

S'y ajoute l'ignorance de lois que les sages de toutes les civilisations nous ont pourtant léguées.

Quand l'être a peur, absorbé par l'émotion immédiate, il tend à s'en remettre aux instances qui assureront son salut. En se démettant de lui-même, il oublie alors que **la première instance est soi**.

Une fois la peur intégrée, **elle travaille…** comme l'argent des banquiers et des compagnies d'assurances ! Le puissant magnétisme des peurs attire précisément la maladie, l'accident ou l'événement redouté.

Ensuite, vient le spectre de la vieillesse et de la mort naturellement plus présent dans cette partie de la vie.

Les seniors ont peur de vieillir et beaucoup sont dans le déni de cette réalité. Plus les stratégies d'évitement sont fortes, plus dur sera le principe de réalité. Vivre l'âge comme une perte renforce et accélère le processus du vieillissement. Le vivre comme atout de la maturité et comme force psychique pourrait pourtant ralentir significativement la détérioration biologique. L'esprit dirige la matière, non le contraire.

À nouveau, pas de réponse de la collectivité dans une société où l'euthanasie est encore officiellement considérée comme un crime et où la mort est abstraite, chosifiée, à la mesure de la terreur insupportable qu'elle suscite.

Peur de se retrouver seul ? Beaucoup le sont déjà par décès du compagnon ou par séparation, des situations vécues très diversement.

Peur de se retrouver seul avec l'autre ? Peu osent l'évoquer mais beaucoup y pensent car la vérité du couple prend alors son sens et sa lumière dans le face-à-face. On ne peut plus se cacher ce qu'il était confortable de ne pas voir dans la vie active.

Peur de ne plus être dans le coup et d'être dépassé… Dépassé par quoi ? Il n'y a plus de temps, plus d'accélération, plus d'âge quand on entre en soi. Il n'y a que l'être.

Et bien sûr peur de s'ennuyer pour ceux qui n'ont jamais cherché leur motivation profonde et qui ont zappé leur vie.

Pourtant l'aventure pointe !

Après une identité construite sur le travail, le rôle et le statut social, **les seniors ont à construire une identité qui parte d'eux et prenne en compte leurs ressources propres**.

D'un espace-temps structuré par les rythmes et contraintes professionnels, ils ont à découvrir les rythmes internes qui les guident.

Cette approche de ressenti leur est étrangère. Il en résulte pour beaucoup une grande difficulté à se projeter dans leur retraite, à l'imaginer et nécessairement à la vivre !

Peur du vide, peur de découvrir que l'on est passé à côté de sa vie, peur qu'il soit trop tard…

Pourquoi la peur alors que la séniorité porte en elle le temps des réalisations intérieures, de l'approfondissement, de la synthèse et du partage ?

Qu'est donc ce monde intérieur qui terrifie, cette **immensité** dans laquelle nous vivons sans en rien connaître ?

Rien de moins que celui de l'être véritable, des émotions, des rêves, des aspirations, celui aussi de la projection dans les mondes à venir… un continent à découvrir.

Tout part de là - donc de soi - toutes les orientations de sa vie.

Notre société qui a longtemps négligé l'intelligence émotionnelle la redécouvre au travers de ses cadres d'entreprise. Coachs et managers la mettent aujourd'hui à l'honneur, constatant que le QI et l'intellect n'ont jamais rien résolu… bien au contraire.

Bientôt, on ajoutera à l'émotion et aux affects le **QR** ou **Quotient des Rêves** et le **QSL** ou **Quotient Spirituel et Lumineux**.

Car nous sommes tous venus accomplir notre rêve et retrouver notre être cosmique.

Votre légende personnelle vous attend et vous appelle. Ce livre vous accompagne pour l'amorcer et l'accomplir.

CHAPITRE 4

LES STRATÉGIES D'ÉVITEMENT ET LEURS ÉCUEILS

Comme tout passage de vie, la retraite peut être assimilée à une crise de croissance.

Si les turbulences sont au rendez-vous, la crise cache aussi l'opportunité de grandir.

Pourtant, peu sont au rendez-vous avec eux-mêmes, semblant plus souvent développer des stratégies de fuite et d'évitement que se préparer à ce nouveau cap.

C'est pourquoi ruptures affectives, déchirures physiques, séismes psychologiques majeurs, apparaissent inéluctablement au tournant de ces comportements d'aveuglement.

Vaciller, douter, se sentir diminué, se démobiliser, remplacer l'ancienne illusion d'un statut par des substituts - alcool, antidépresseurs, compulsion de consommation… - sont la panoplie classique des conduites de fuite.

Beaucoup s'y arrêtent et plongent, ignorants que derrière l'épreuve, se cache une promesse de renouveau.

Courage fuyons !

Ca m'est tombé dessus ! Quoi de plus simple que d'externaliser les problèmes ! Les autres, la vie, le destin, la fatalité ont bon dos ! Mais il est d'autres lectures plus impliquantes !

La vie est faite d'une succession de passages d'un ordre ancien à un ordre nouveau. Chaque lecteur se réfèrera à ses propres expériences de changement : un déménagement, une séparation, une maladie, une naissance, une rencontre, un décès, un licenciement, un nouvel emploi, une NDL, un rêve prémonitoire, une sortie du corps, des messages reçus de personnes décédées, un voyage, un stage de poterie, un week-end de danse chamanique ou tantrique...

Si ces événements sont inhérents au processus même de la vie, ils sont souvent vécus sans préparation, sans conscience, comme un fatum, une irruption de l'imprévisible.

Selon leur nature brutale ou prévisible, catastrophique ou libératrice, dérangeante ou providentielle, et surtout selon le filtre de lecture de l'individu, ils seront interprétés comme une rupture positive ou négative avec le passé.

Mais le plus souvent cette expérience semble, comme le dit le langage commun, « nous tomber dessus », comme si l'univers venait secouer un trop grand enlisement des vies. Or le hasard n'existe pas… mais plutôt d'étranges synchronicités qui surgissent en réponse à des peurs autant qu'à des lâchers-prise.

Quand j'y serai, je verrai ! La retraite… c'est loin ! Lorsque l'on interroge les seniors actifs sur leur vision d'avenir pour leur retraite, celle-ci leur semble prématurée et reste floue. Ils allèguent qu'ils ont encore cinq ans, deux ans, un an pour y penser et que le temps leur manque pour y réfléchir. L'incertitude professionnelle des prochaines années les absorbe, trop de problèmes à régler, encore en suspens les empêchent.

Sans contacts avec des seniors ayant expérimenté des projets de vie, il leur manque d'échanger vécu, désirs et expériences.

Beaucoup ne se sentent pas capables de se projeter, cette échéance lointaine, non prioritaire, relevant plus du domaine du rêve et du fantasmatique… *« Ah quand je serai à la retraite ! ».*

Leur inquiétude se porte sur la faisabilité matérielle concrète : « le fric », la certitude du niveau de rémunération, du temps et de l'argent pour se consacrer à soi.

Très peu formulent un projet de vie précis. Sont évoquées des activités multiples, de la vie associative aux loisirs, la reprise d'activités artistiques en friche, les voyages… Plus simplement et de façon plus informelle, la prise en compte de l'instant présent et de sa liberté, réapprendre à vivre.

Encore moins s'y préparent. On en parle avec des proches, des amis, dans une perspective qui reste éloignée. D'autres engagent une démarche volontariste de perfectionnement personnel et de recherche intérieure, mais sans véritable projet ultérieur.

Une exception toutefois pour les seniors ayant une activité artistique ou libérale. Exerçant pour la plupart un métier de vocation, le temps de la retraite n'est pas envisagé comme un changement fondamental mais comme la simple continuité d'une passion, d'un art indissociable de leur vie.

Une amie artiste et enseignante me disait : « *étant sculpteur, il n'y aura pas de grands changements, pas de remises en cause, pas de nouveaux projets de vie révolutionnaires lorsque je quitterai l'enseignement, tout continuera à se passer dans mon atelier, avec les activités tournant autour* ».

Une dangereuse projection : Insatisfait dans son job, insatisfait dans sa retraite pourrait-on présager.

Pourtant, beaucoup disent : vivement la retraite pour que je puisse faire ce que je n'ai jamais pu faire !

Le recul de l'âge de la retraite soulève des frustrations à la mesure de l'idéalisation. Certains, insatisfaits de leur vie active, croient que la retraite leur permettra enfin de se réaliser. Si ce cap apparaît dans les brumes illusoires du lointain comme le **salut**, beaucoup à l'arrivée se referment, se replient dans la même insatisfaction que celle qu'ils ont déroulée toute leur vie.

Pourquoi ? On retrouve là une donnée fondamentale de la vie moderne. **Tant d'emplois sans réelle autonomie ne font appel ni au sens créatif, ni à un apport personnel.**

Le rétrécissement d'un certain nombre de métiers par une hyperspécialisation et une forte technologisation renforce cette donnée.

Après quarante ans d'activité sans développer créativité et expression propre, il sera pratiquement impossible d'y avoir accès durant la retraite. **Le logiciel n'a pas été installé dans le programme. Ou du moins, s'il y est, il n'a pas été activé** !

Derrière l'apparence, une société complice de la fuite

Et si le logiciel n'est pas installé, c'est tout simplement que le système de société est encore majoritairement construit sur **le maintien d'une dépendance** de chacun. Certes, les changements sont émergents mais les résistances encore puissantes. Principal responsable, l'Éducation nationale et les pouvoirs publics… juste reflet de l'état de conscience ambiant ! N'est-ce pas « nous » qui les avons choisis !

ASI : assistanat, soumission, immaturité, un mal français ? Pour la majorité des seniors actifs ou retraités, développer une vision d'avenir et penser son projet de vie lors de la retraite relève encore de l'improbable.

Pourquoi alors que c'est à la portée de chacun ?

Cette incapacité résulte en partie de l'absence de valorisation, dans la vie professionnelle et particulièrement dans le secteur public, de comportements créatifs, autonomes, responsables.

Plus en amont, le modèle de société, l'éducation et les modèles parentaux ne préparent pas l'individu à se libérer de la cellule protectrice.

Substitut des parents biologiques, le système éducatif oscille entre une abstraction assassine ou un pragmatisme réducteur. Il ne donne pas les clés de l'être - corps, émotion, conscience, âme, esprit - ni la sagesse des lois de la vie. Il ne prépare pas l'enfant à prendre les rênes de sa vie, mais l'encombre dramatiquement de connaissances mortes et inutiles qui le maintiendront dans une irréalité au quotidien doublée d'une surmentalisation. Ceci jusqu'au réveil par les épreuves de la vie.

Par la suite, la parentalité de l'entreprise publique ou privée continue à représenter, au moins symboliquement, des valeurs de protection et de sécurité même s'il y a longtemps que la réalité a démontré l'effondrement de ce mirage.

De multiples et incessants goulots d'étranglement font de la création d'entreprise une aventure surhumaine digne des douze travaux d'Hercule. Sur le nombre d'entreprises créées, les trois quarts ne peuvent survivre. Tout est fait pour que l'individu créateur rejoigne les rangs de ceux qui se résignent, ou ceux des profiteurs du système d'assistanat. Et chacun s'entretient dans ce système dépourvu de sens pratique, de sens du risque, et d'encouragement individuel.

En toile de fond, la supraparentalité de l'État renforce, sous un mode le plus souvent répressif et autoritaire - donc inintelligent et inapproprié - tous les états de dépendance et de soumission déjà programmés collectivement.

Ainsi, l'individu se construit sur des modèles qui le maintiennent en état d'assistanat, donc d'immaturité.

L'adulte reproduit les seuls comportements qu'il connaît, ceux de l'enfant qu'il continue à être, les structures sociales et économiques actuellement dominantes le privant d'exercer librement sa véritable créativité et autonomie de pensée.

N'ayant pas appris à penser et décider par lui-même et pour lui-même, mais par la voie des programmes existants, il reste sous l'influence des instances autoritaires du collectif.

Voilà pourquoi beaucoup n'ont pu réaliser professionnellement ce qu'ils souhaitaient pour leur vie et ont renoncé à leurs rêves d'adolescence. Voilà pourquoi il reste si compliqué de créer sa propre entreprise, malgré les mesures récentes rarement relayées par la majorité des institutions impliquées.

Si, au moment de la retraite, le désir est encore là pour s'occuper de soi, **il manque l'entraînement à penser par soi-même et à créer sa vie**. Il est difficile de gommer quarante ans de soumission à une activité vécue comme un pis- aller, une nécessité alimentaire sans grande satisfaction.

C'est ainsi que l'on se résigne à l'insatisfaction comme mode de vie.

C'est ainsi que les juniors idolâtrent de jeunes « stars » en herbe, par un jeu de projection de leurs propres aspirations. Sans voir la perversité d'un système marchand préoccupé d'audience et de royalties plus que d'être et d'initiatives individuelles.

Comme le dit un jeune senior qui lui ne s'en laissera pas conter : « *les trois quarts de ceux qui n'ont pas préparé leur retraite sont restés soumis dans leur profession, trop aidés et encadrés. On ne leur a pas laissé le droit à la décision. Souvent, le jour où enfin ils sont libres d'une activité, ils décident et font leurs choix. Mais ayant été longtemps assujettis et s'étant laissé porter toute leur vie, ils traversent un temps de flottement long pour faire l'apprentissage de leur liberté, se sentent démunis et maladroits dans l'exercice de cette liberté inconnue* ».

Savoir n'est pas vivre ! Nous vivons dans un monde de concepts bien différents des réalités concrètes. L'éducation nous a préparés à des idées, des concepts abstraits et souvent erronés, non à la vie.

Transposé à la transition de la retraite, chacun est préparé intellectuellement et théoriquement, mais lorsque surgit l'échéance, ce n'est jamais comme on le pensait !

Les entreprises n'y aident pas puisque le cadet de leur souci est de préparer leurs seniors à ce passage, une cause qui pourtant devrait être prioritaire.

Ainsi, à ce jour, **il n'existe pas de relais entre le savoir théorique sur la retraite et sa mise en pratique dans la vie**.

Avec humour, une retraitée qui a su prendre un merveilleux cap créatif de conteuse et créatrice de spectacles pour enfants, me racontait : « *On a beau se dire qu'on le sait, quand c'est là, du jour au lendemain, on ne se lève plus, on ne prend plus le train. Paradoxe, dans ma vie active, je m'étais occupée de diriger le personnel sur des formations, il y avait notamment un module de formation à la retraite à France Télécom. Je pensais alors : Comment peuvent-ils se former à la retraite alors que toute leur vie ils n'ont pas pu développer leurs dons et envies ! J'envoyais ceux qui voulaient y aller mais je trouvais qu'ils manquaient d'imagination. Quand j'ai été à la retraite, j'ai compris pourquoi ! Quand on se retrouve seul à la maison, certaines prises de conscience sont nécessaires et prennent du temps !* »

Les tentations

Naturellement générée par le primat donné à la consommation, l'une des premières tentations est bien sûr de se tourner vers cette voie !

Consomme, consomme, consomme, alors tu seras… La banalisation de la retraite en temps exclusif de consommation et divertissement est un autre danger.

Les personnes ayant développé une proximité à leur être intérieur sont souvent atterrées de voir combien le temps de la retraite se limite à la consommation : de produits financiers, de loisirs, de culture, de santé, de bien-être… C'est encore favoriser l'image, aux yeux des autres et autant à son propre regard pour ne pas déchoir.

La lecture des magazines pour retraités donne le décryptage des modèles dominants. Dans leurs priorités, deux constantes : gérer son patrimoine et souscrire un capital décès. Puis viennent les « occupations » et activités diverses, enfin la santé vue plus souvent dans la fragmentation que dans une perspective holistique. Beau programme en vérité !

Une légende dit que la cachette de l'âme est si profonde que l'on peut faire le tour du monde sans la trouver… Juste regarder à l'intérieur ! Mais est-ce vraiment une légende !

« *Une de mes peurs, me dit une amie de 65 ans, conseillère auprès de chômeurs, est cette banalisation de la retraite. Pour la majorité, la retraite englobe la maison de campagne, les voyages, les petits-enfants, du bénévolat, mais je vois rarement quelque chose qui se rapproche de l'être. Ces activités me paraissent mièvres, dans la mesure où elles ne représentent pas un développement de l'être.*

Bien sûr, on peut exprimer son être en toute chose, mais à condition qu'il ait été préalablement développé et nourri ailleurs. Il y a une mièvrerie de cette vie qui ne me convient pas, que je n'ai pas envie de vivre. Voilà pourquoi j'envisage de rester active le plus longtemps possible. Pour la majorité, les seniors sont une cible idéale de consommation et ils consomment, c'est ainsi que notre société le voit, le projette. »

Une autre raconte : « *Quand nous sommes entrés en retraite, nous avons reçu un magazine : Et qu'y avait-il dedans ?: des travaux d'aiguille pour les dames, le jardinage pour les messieurs, des projets de balades et de voyages, des rubriques médicales avec opérations, maladies, les assurances décès, les fauteuils médicalisés... quand on voit ça, c'est une horreur, un repoussoir ! Plutôt que d'enterrer les gens, ces magazines pourraient susciter des projets de vie, offrir des stages pour s'y préparer. Là, on leur donne des divertissements, des voyages, de la broderie, de la couture, du jardinage, bref* ***on les occupe !*** »

Mais la réalité est tout autre... Face à ces sollicitations de consommation toujours plus pointues et personnalisées, si un certain nombre ne connaît pas les problèmes matériels, ce n'est pas le cas de beaucoup. Pour les plus démunis, une perte importante du pouvoir d'achat n'est pas sans conséquences, creusant l'écart avec ces seniors qui détiennent le patrimoine.

L'amoindrissement des revenus est à l'origine de nombreuses difficultés matérielles ayant un retentissement sur l'équilibre familial et sur la santé. La valeur du point retraite diminuant et les dispositions fiscales rognant sur les retraites, la dégradation du niveau de vie est vite là. Cela est particulièrement vrai pour les petites retraites, mais peut être amplifié à l'occasion de bouleversements tels que accident, décès, séparation ou déménagement...

Combien de retraités se sont laissé entraîner à se retirer dans un eldorado ensoleillé et découvrent le désert relationnel, culturel, associatif de ce paradis. Revenir s'installer dans la ville d'origine devient pratiquement exclu de par la perte de la valeur d'achat initiale.

Les épreuves

Les « accidents » de la retraite sont fréquents et révélateurs : dépression, maladie, décès, autodévalorisation, divorce, flottements…

Santé… Beaucoup jouent la politique de l'autruche, préférant ne rien vouloir voir venir. Il est donc fréquent et d'une grande logique que des pathologies s'installent lorsque l'on s'arrête de travailler, que l'on change de rythme de vie, d'objectif, d'environnement.

Dépression, cancer, infarctus, diabète... touchent en général ceux qui ont la plus forte appréhension de la retraite. Une appréhension qui réactive leur peur du vide, du rien, de la perte.

Lorsque le projet de soi n'a pas été préparé, le cap est particulièrement difficile à passer, avec le risque de s'enfermer dans la maladie, façon déguisée de fuir la nouvelle réalité.

Une amie me racontait que ses deux frères sont morts juste après la retraite, l'un étant resté sur la sensation de l'échec de ne pas avoir pu se réaliser dans sa vie.

Une voisine de mon immeuble, ayant un poste à haute responsabilité, très engagée syndicalement, vivant seule et n'ayant jamais décroché de son activité, partait à la retraite il y a un an. Dans les mois qui suivent, un cancer du sein se déclare, suivi d'une ablation. Elle semblait se rétablir mais avait perdu sa raison d'être. Je viens d'apprendre sa mort soudaine, des métastases ayant envahi le cerveau.

Il est vraisemblable que **le vide de sa vie l'a tuée et qu'elle n'a pu faire le passage de l'image et du rôle à l'être, l'un des enjeux majeurs**. Combien sont dans ce cas…

Deux ans après sa retraite, l'un de mes amis a développé simultanément deux hernies, des problèmes cardio-vasculaires et un début d'ulcération de l'estomac. Homme de service public et de passion n'ayant jamais dételé, il avait simplement oublié que le corps est une précieuse machine dont les limites sont pour l'instant encore humaines !

Ici, le contexte est différent mais tout autant révélateur. Travailler quinze heures par jour pendant quarante ans en choisissant d'ignorer délibérément les signaux de son véhicule principal n'a qu'un temps.

Le temps de la longue parenthèse de son corps qu'il a fait tout au long de sa vie est terminé. Alors qu'il voulait se consacrer à son œuvre personnelle de sculpture et peinture, il se retrouve devant une problématique majeure et une perspective de médicalisation à vie.

Ce que l'on ignore délibérément ou inconsciemment vous est toujours représenté sous forme de destin, dit Jung, et le plus souvent, dans des situations brutales, surprenantes et impérieuses.

Il arrive également qu'une cessation anticipée d'activité ou une préretraite, soit à l'origine de crises graves. Devant la brutalité de la situation, certains perdent pied se croyant au-dessus du vide, que celui-ci soit affectif ou matériel. Ils ne trouvent pas en eux ni autour d'eux les leviers pour se reconstruire et c'est le drame. Le suicide peut être au bout du processus de ceux qui n'ont pas trouvé de solution… simplement car ils ne se sont pas trouvés.

Voilà pourquoi des structures associatives sont de précieux relais, permettant de retrouver une ligne directrice et de passer le cap avec grâce et plus de fluidité. Si celles-ci fleurissent, encouragées par les municipalités, constatons que les budgets dont elles disposent sont souvent dérisoires, alors qu'elles ont une utilité sociale et publique de premier ordre.

Morts et parents âgés : C'est aussi la période où les amis, les relations, les collègues disparaissent prématurément. Celle où les parents âgés sont malades, dépendants, en fin de vie.

Ce contexte ne favorise pas la transition de la retraite dans la sérénité.

Fréquemment associées à ce temps, la maladie et la mort des parents. À cette période difficile et souvent longue qui oblige à mettre tout le reste en retrait, s'ajoute une médicalisation excessive et un fréquent acharnement thérapeutique, des hôpitaux saturés et des conditions sanitaires douteuses. Aucune vie n'appartient à la collectivité, le moindre que l'on puisse choisir est de pouvoir, chacun, décider de sa mort lorsque l'on en a encore la liberté.

Ainsi, cette peur de la mort, occultée dans notre société, réapparaît avec toute sa puissance à ce moment de la vie.

Elle est l'une des peurs majeures à traverser, renforcée par un contexte mondial pesant. **Changer le regard sur la mort et la vieillesse appartient à ce temps de la vie.**

L'intention étant déterminante dans la façon dont nous vivons situations et événements, choisir de cocréer quotidiennement une longévité et une santé optimum peut être au programme d'un projet de vie de seniors. Ensuite seulement se posera la question : pour quoi en faire et pour qui !!!

Le face-à-face insupportable : Désormais aussi fréquentes que les maladies, les séparations. Le passage à la retraite voit une haute fréquence de divorces, une redistribution des cartes de l'affect.

Rien d'étonnant à cela. Dans cette soudaine vacance de temps, dans le face-à-face oublié avec l'autre, tous les non-dits, les malentendus, les agacements, les conflits, les mensonges remontent à la surface.

Les questions du sens de sa vie, du désir ou non de poursuivre l'expérience avec le partenaire de vie, de l'existence ou pas d'un projet commun, sont au cœur de ce passage.

Voilà pourquoi la retraite sonne l'ultimatum pour mettre un peu d'ordre dans sa vie amoureuse après des décennies d'évitement.

Les « derniers feux » - qui ne sont jamais les derniers !, le besoin d'exister à un autre regard, l'envie d'aimer, cachent la nécessité d'exister d'abord à ses propres yeux. La transition de la retraite peut réveiller une disponibilité pour vivre d'autres formes d'amour, découvrir d'autres êtres, loin des modes passionnels destructeurs et dans la vérité du cœur.

Dans un monde centré sur l'image et non l'être, il est plus facile de chercher à l'extérieur ce que l'on n'a jamais rencontré en soi. C'est ainsi que s'entretiennent les déséquilibres, les projections, les illusions. Enchantements… et désenchantements… une danse trop humaine qu'il est peut-être temps de réécrire avec d'autres codes !

Les jeux d'emprise : Si le senior retraité attend impatiemment que son conjoint encore actif rentre le soir, s'il lui reproche de rentrer tard et grignote sa liberté, cela peut être fatal à l'équilibre du couple.

Or il arrive fréquemment que celui qui quitte le monde actif se sente frustré de ne pas « avoir le conjoint à disponibilité ».

Chacun identifiera les couples d'amis ayant divorcé dans les deux ans suivant la retraite, alors qu'ils avaient jusque-là donné une apparence d'équilibre. Ils n'ont pas résisté à la confrontation !

Des remarques comme : *« Tu es sorti tard aujourd'hui... Tu n'as pas de temps pour moi... J'ai essayé de t'appeler et tu n'as pas répondu »*... sont oppressantes.

Notamment, beaucoup de femmes très prises par l'éducation des enfants une grande partie de leur vie ont un immense besoin de liberté, de rythme moins *speed*.

Des verrous de tolérance sont à mettre en place afin d'éviter l'enfermement dans des comportements tatillons non respectueux de la liberté d'être.

Ou la solitude inconsolable... Évoquons la solitude, actuellement si relayée par les médias ! quatorze millions de personnes seules, un nombre grandissant de familles recomposées, des brassages et redistributions affectifs imprévisibles, parfois éprouvants... voilà le tableau qui se propose souvent au senior qui rêve de regagner ses pénates en se laissant porter par une mer lisse.

La solitude est désormais l'un des décors du tableau. Plutôt que de s'en effrayer comme de la mort et de la maladie, il est préférable d'en voir les bénéfices illimités et de s'en réjouir. Elle permet notamment de retrouver la liberté et la vérité inestimables de la pleine disposition de soi. Vivre seul peut se faire dans une plénitude totale, dans l'accord intérieur de son masculin et de son féminin.

Qui a dit que le couple est l'unique voie de réalisation ? Combien en font une démonstration réussie ? Paradoxe suprême, combien préfèrent la sécurité d'un accompagnement insatisfaisant à la confrontation avec eux-mêmes ? Ce faisant, ils se stérilisent jusqu'à la fin de leurs jours, passant à côté de l'être et de la vie. Et rencontrent inévitablement l'ennemi multiforme - l'ennui, l'insatisfaction, la dépression, l'intellectualisation, la justification, la rationalisation maladive, la rumination, la pathologie -, faute d'aller à la rencontre de soi !

La solitude reste pourtant une épreuve pour ceux et celles qui ont fait de la relation de couple leur projet de vie… ou qui s'y sont cachés, protégés ou niés. Si le couple est pour certains une étape et une expérience de la vie, il n'en est pas la finalité ! Seul ou accompagné, ce qui nous reste à explorer est si illimité et grandiose ! Se mettre dans cette disposition d'esprit change radicalement la perspective.

Qui mieux qu'Elle ?

Nous sommes toujours rattrapés par ce que nous fuyons. **Le comportement enfantin consistant à ne pas vouloir voir n'est plus de mise à l'âge dit de maturité.**

S'occuper, se divertir, s'agiter pour ne pas entendre ni voir ce qui frappe à la porte intérieure et se fait de plus en plus insistant, diffère l'obstacle et renforce le malaise.

Faudra-t-il attendre ce qui est, dans notre croyance collective, l'instant suprême de la mort, pour se rendre à cette Présence en nous qui nous réclame avec tendresse et patience ?

Attendrons-nous d'autres incarnations pour revivre les mêmes scénarios d'évitement et garder la tête dans le sac, jusqu'à ce que nous soyons anéantis de notre propre refus ?

L'âme - le Soi, la Conscience supérieure - est immortelle. Elle a le temps, mais les millénaires ont passé et elle se fatigue de nous attendre.

Qui mieux qu'Elle peut savoir intimement, amoureusement, qui nous sommes réellement ?

Qui mieux qu'Elle sait chacune de nos peurs, de nos résistances, de nos détours et de nos rêves ?

Qui mieux qu'Elle voit chacune de nos impasses et de nos souffrances ?

Qui mieux qu'Elle peut nous aimer au-delà de l'humainement concevable, infiniment, universellement, amoureusement ?

L'amour humain n'est pas encore né, il ne relève pour l'heure que de l'affect, des attachements émotionnels, sexuels, des attirances conjoncturelles, hors quelques rares êtres de cette humanité qui vivent la véritable union avec leur partenaire cosmique. Seule l'âme peut apprivoiser à une qualité d'amour qui nous est encore inconnue et difficile à concevoir.

Beaucoup d'entre vous ont passé vingt ans, trente ans, quarante ans, à construire une vie qui, aujourd'hui peut-être, se fissure, semble se réduire, s'effondre ou vous insatisfait.

Est-il si difficile de donner quotidiennement quelques instants à cette partie de vous qui a toutes les réponses et vous les offrira avec joie si vous prenez soin de l'écouter ?

Cela suppose de s'éloigner des bruits et parasitages du dehors et du dedans car sa voix est un murmure.

Peut-être prendrez-vous alors goût à ce silence qui régénère, alors que les bruits médiatiques et les sons de ce monde détruisent quotidiennement, systématiquement toute écoute profonde et réelle.

En tout instant, vous avez le choix. Que décidez-vous ?

CHAPITRE 5

LE BILAN DU PARCOURS DE VIE

Dès que l'on se rapproche de soi, les vraies questions apparaissent, invisibles en temps ordinaire.

Toute question amène sa réponse car le sage en nous sait depuis toujours. Pour lui, toute question a déjà sa solution.

La mise en mouvement des interrogations révèle alors l'organisation profonde de la vie, ses logiques et ses lois de développement, ses rythmes, ses lignes de force, son architecture globale.

Les émotions, comportements et croyances de toute une vie prennent leur sens. Comme si une ampoule s'allumait pour visiter l'intérieur des pièces, le plan d'ensemble et toutes les ouvertures sur l'extérieur.

À ce stade du bilan, on sait ce qu'on veut… la liberté infinie de choisir, de vivre, d'être…

On sait ce dont on ne veut plus : le stress, les obligations extérieures, les pressions médiatiques, psychologiques, les dépendances - hiérarchiques, psychologiques, toxicologiques, financières... - , et l'ensemble des leurres.

On peut alors clarifier les grands fondamentaux de sa vie et poser les bases du projet de vie.

Trop de seniors arrivent à ce cap de la retraite sans s'être préparés. Combien ne se risquent pas à aller voir de plus près ce que ce changement d'état implique…

Un éclairage sur les risques et opportunités de cette période de la vie comblera de nombreuses lacunes chez le futur ou le récent senior.

La prise de conscience des évolutions à engager remettra en circulation des envies, des aspirations enfouies et bloquées depuis longtemps.

Ceux qui développent une revendication active vis-à-vis de leur conjoint, de la société, d'une cible particulière, seront alors capables de se retourner vers eux-mêmes pour voir qui est véritablement responsable ! L'autre ne me reconnaît pas, ne m'entend pas, ne me comprend pas… mais qu'ai-je fait pour qu'il en soit ainsi !

Cette démarche d'éveil à soi commence par des questionnements. Cela afin de ne plus être en **mode passif** - de consommation, d'émotions, de pensées, d'habitudes - en se disant que le temps riche est derrière. Ni en **mode action-réaction** qui ne donne aucun contrôle sur sa vie.

Des attentes diversifiées

La préparation à la retraite connaît des temps, des caps et des comportements différents.

Les attentes et l'état d'esprit du préretraité de 50-55 ans diffèrent du senior de 60 ans, de celui de 75-80 ans et encore plus au-delà.

Dans les décennies aujourd'hui courantes de 80 à 100 ans, des problèmes bien différents se posent : préserver son autonomie, accepter de ne plus être aussi actif mais gagner en profondeur et intériorité, découvrir la sagesse de la vie et savoir en déguster chaque instant, élargir sa réflexion à l'au-delà et ses mystères. Le projet de vie ne peut être le même qu'à 55 ans, il s'essentialise.

Ces attentes varient également selon que le métier exercé l'ait été par vocation, par talent spécifique, ou parce qu'il fallait vivre !

Elles dépendent aussi de la platitude du porte-monnaie ou de l'état de santé. Alors que cette préparation à la retraite devrait être accessible à chacun, elle est fortement pénalisée pour des catégories d'individus plus exposées : chômeurs de longue durée, rmistes, smicards, handicapés et mal-portants, groupes à risque - alcoolisme, drogue, dépendances multiples… -, femmes seules…

Si le passage à la retraite est inévitablement un allègement des contraintes professionnelles, la concrétisation d'un projet personnel est d'emblée handicapé par des conditions matérielles précaires.

Il est donc difficile pour une partie de la population, de se projeter actuellement dans un projet de vie. Un constat insupportable dans des sociétés dites développées et de progrès.

Le premier progrès devrait être **d'assurer à chacun les conditions de vie qui lui permettent de s'épanouir dans son talent…** mais c'est d'une autre société dont nous parlons, celle qui naîtra de l'effondrement des systèmes actuels, n'en doutons pas.

Quatre cas de figure se présentent le plus couramment :

■ Certains, encore rares, se préparent à la retraite et s'organisent de façon délibérée parfois très en amont, dans la perspective d'un projet de vie. De la qualité de vie semée dans les années actives, dépendra la récolte de la fin de carrière. Cette maturité exceptionnelle concerne plus des métiers où la retraite est prise très jeune : métiers militaires, métiers à risque, métiers artistiques liés à la jeunesse du corps : danseurs, mannequins...

La mère d'un ami, ex-chef de service à la banque Worms, poste à responsabilité, a commencé à préparer sa retraite sous forme de réseaux d'amitié à l'âge de 40 ans. Partie à 59 ans, elle en a 63 aujourd'hui.

« En dix-neuf ans, elle a développé tout un noyau dur aujourd'hui soudé. Dans son projet de vie, elle a entretenu des passions communes avec certains amis dans un esprit de connaissance et d'amitié, elle partage ses découvertes, participe à des réunions à Londres, Moscou, Kaboul, a été sur la Muraille de Chine en étant accueillie par des amis sur place, elle a su mettre en place un réseau très coopératif. On vient de fêter son anniversaire : 60 personnes de 52 nations et tous les enfants étaient réunis... À 40 ans, elle disait : je ne veux pas me retrouver seule à la retraite et je choisis d'être avec un réseau de gens que je pourrai apprécier, aimer pour leurs idées, leur savoir, leur connaissance, leur ouverture d'esprit, leur curiosité, leurs relations... »

Un jeune retraité de 62 ans me raconte qu'il se préparait depuis longtemps à cette quête intérieure à laquelle il peut maintenant se consacrer très activement. « *Ce sont des préoccupations qui datent de quinze ans, j'aspirais à cela sans avoir de disponibilité. J'avais déjà une bibliothèque d'ouvrages que je lisais, mais que je ne prenais pas le temps de vivre. Travailler dans le business, assurer ses responsabilités de businessman entouré de personnes fermées à ces dimensions spirituelles n'encourage pas à les vivre !* »

■ Deuxième cas de figure, l'entrée en préretraite. À ce stade, lorsqu'il n'y a pas une mise à pied brutale comme cela se produit souvent avec les licenciements sociaux, on quitte la phase théorique pour entrer dans un questionnement précis.

« *Ceux qui se posent le plus de questions sont ceux qui arrivent en préretraite, qui commencent à 50-55 ans à se dire : dans cinq ans ça va être fini. Pour d'autres : la réflexion est : vivement que ça s'arrête car j'ai tellement de choses à développer !* »

C'est le début du questionnement le plus courant, basé sur **le faire** et associé à **une peur** autant qu'à une **excitation** : que vais-je faire, comment vais-je m'occuper, que faire de mon temps libre ?

L'interrogation se fait sans véritable démarche structurée auprès de l'entourage proche.

■ Troisième cas, le plus courant, la retraite est abordée au moment du passage, entre 57 et 65 ans. Une période de deux à trois ans est alors nécessaire pour **réaménager et réajuster sa vie en fonction de ce nouveau et essentiel**

paramètre : la liberté de soi. C'est dans cette phase que peut apparaître la notion de **projet de vie**, concept encore inusité dans la population !

■ Enfin, nombre de « retardataires » n'ayant ni pensé, ni préparé, ni défini leur projet de vie, connaissent un flottement de plusieurs années, d'une décennie, voire de la fin de la vie.

Des professions qui donnent le ton : La qualité de la retraite est dépendante du métier : les professions libérales, artistiques, artisanales, poursuivent la trajectoire professionnelle qui a été la leur, de façon plus qualitative, mais avec autant d'intensité.

Les métiers de la création et du design constituant l'un de mes environnements professionnels, j'observe que ces créateurs ne s'imaginent pas faire autre chose que ce qu'ils connaissent. Il en est de même dans un autre secteur qui m'est proche, celui du développement personnel corporel et psycho-spirituel. Lorsque l'on a passé sa vie à accompagner des personnes dans l'allègement de nombreux pans de leur vie, quel que soit l'outil utilisé, comment se couper de cette relation d'aide qui les fonde !

Une senior de 61 ans me disait : « *J'ai une sœur psychologue, un beau-frère psychiatre, aucun n'envisage de dételer. Ma sœur a 65 ans, elle a pris sa retraite récemment et a rouvert un cabinet, elle a maintenant une clientèle privée* ».

Ce sont des professions que l'on peut poursuivre jusqu'au terme de sa vie. Ces actifs prolongés iront le plus loin possible **sans connaître la posture de retraité**. Il en est de même pour médecins, juristes, notaires, journalistes, écrivains, artisans, qui peuvent exercer leur expertise aussi longtemps qu'ils le désirent. Car ces professions vivent au quotidien leur projet de vie, contrairement au gros des troupes salariées. **Qui dit projet de vie dit aptitude à la prise de risque et à la passion !**

Se préparer autant que préparer !

Préparer sa retraite est une chose. Mais le plus souvent, les futurs retraités ne s'y sont pas préparés.

Beaucoup se retrouvent du jour au lendemain sans raison d'être et de vivre. En l'absence d'un plaisir, d'une passion, d'un intérêt, ils ont du mal à passer le cap, ce n'est pas la philatélie qui va les faire changer !

Les différentes tribus inventoriées montrent bien les degrés différents de responsabilisation, de conscience, de réflexion sur le sens que l'on choisit de donner à sa vie.

Car il s'agit principalement de cela : **quel sens et direction se donner**.

À l'extrême, point n'est besoin de préparer retraite et projet de vie si l'on s'est exercé à l'art de vivre durant sa vie. Les seniors qui ont construit un équilibre et une qualité de vie globale sauront en toute circonstance entretenir cette richesse. La retraite n'est plus perçue comme une rupture mais comme le déroulement de la vie dans un contexte simplement différent. **Elle cesse d'être un passage à haut risque et devient simple continuité du plaisir à être.** C'est la principale assurance bonheur qui existe ! Les paramètres extérieurs ne changent pas fondamentalement mais l'âge, la sagesse, une liberté accrue donnent à ce temps sa vraie profondeur.

Cette maturité s'appuie sur la force d'une expérience de vie, sur une ouverture constante, sur une disponibilité à l'inconnu, à ce qui sort des cadres préétablis et des préjugés dans lesquels s'engluent la plupart.

Elle demande des qualités telles que l'écoute de soi, des autres… Être disponible pour un service à la collectivité, savoir développer ses aptitudes créatrices, maintenir une curiosité illimitée pour le monde, l'univers et ses secrets… Oser relever le défi de vivre… Ce sont des qualités qui servent la vie et l'accompagnent utilement dans ses différentes phases. **C'est à cet enseignement que l'Éducation nationale devrait prioritairement se consacrer !**

La retraite devient alors le déploiement naturel du **projet de soi**. Elle peut en être l'aboutissement le plus heureux, les contraintes professionnelles étant levées et la sagesse à son apogée.

Le cas suivant est exemplaire. Ce retraité s'appuie sur un équilibre de vie résolument entretenu, un idéal d'homme complet, sa direction de vie étant maintenue simultanément dans sa vie personnelle et professionnelle.

« *Mon domaine de recherche est complètement relié au Soi, au sens profond, et je l'ai construit. Pour moi, la recherche est le service, l'amour de l'autre, une conscience éthique forte. Cela dirige toutes mes actions, dans l'équilibre entre mon être profond et mon activité professionnelle. J'ai compris très vite qu'un équilibre personnel de vie est un atout fantastique. Quelqu'un d'épanoui est capable de se développer dans toutes les dimensions, physique, mentale, dans la relation vis-à-vis de l'autre, dans le spirituel. Je poursuis cet axe fondateur dans la retraite.*

J'ai construit toute ma vie sur l'idée d'une ***culture globale, et non exclusivement littéraire et artistique. La culture est un tout****, la beauté de la nature, le sport, la biologie, la construction d'un être humain dans tous ses aspects, d'enfant, de famille, d'amoureux, d'être responsable. Au cours de ma vie professionnelle, j'ai toujours maintenu l'harmonie du cœur, du corps, de l'esprit sans me questionner sur la façon dont je pourrais vivre pour moi !*

J'ai choisi mon métier par vocation, dans un domaine où la liberté est très importante. On ne peut être un bon chercheur sans un épanouissement de vie. J'ai développé un management soft, *associant la liberté de mes chercheurs à leur productivité, car trop souvent, de super techniciens se révèlent de mauvais chercheurs.* ***Voilà pourquoi tant de retraités n'ayant pas développé la globalité d'un équilibre de vie se trouvent démunis.*** »

Les clés de l'assurance bonheur, pour se construire en référence à son idéal, sont du domaine du faisable, non de l'utopie. **En faire une utopie c'est développer encore une fois une stratégie de fuite.**

L'un des raisonnements limitatifs très français est : pourquoi le faire puisque personne ne le pratique ?

Le choix vous est offert.

Inestimable bilan de parcours

On réduit fréquemment la retraite au départ d'une activité professionnelle. C'est une erreur car ce cap englobe la renégociation et le rééquilibrage de tous les aspects de la vie extérieure, relationnelle, familiale, intérieure, créative.

Dans ce remaniement, la qualité de l'humain que l'on est devenu, l'harmonie énergétique du cadre et des conditions de vie que l'on se donne sont aussi déterminants.

Or, dans l'émotion et le soulagement immédiats de la retraite, cette bascule de vie est rarement envisagée avec maturité. Beaucoup poussent la porte d'une nouvelle étape de vie sans savoir ce qu'ils amènent dans la nouvelle maison… **et ils reproduisent ce qu'ils connaissent**, c'est-à-dire des fragments !

La rareté de tels moments de transition les rend d'autant plus déterminants et riches de sens. Si l'on sait les décrypter, ils sont porteurs d'un renouveau réel.

Une maladie, une rupture ne nous tombent jamais dessus par hasard, mais présentent toujours une profonde cohérence avec l'état intérieur de l'être qui les vit.

Ainsi une nouvelle relation affective se révélera dans le moyen ou le long terme une parfaite illusion si l'on répète des schémas émotionnels déjà perturbés. Un accident viendra à point nommé pour immobiliser quelques jours, semaines ou mois et susciter une remise à plat de tel aspect de la vie.

Que veut-on vraiment garder de l'ancien, qu'est-ce qui est à laisser aux encombrants, sait-on symboliquement vider sa cave et son grenier, les aérer et faire place neuve ?

Comment se préparer consciemment, joyeusement, légèrement, à tourner cette page sans traîner les casseroles du passé !

Chaque lecteur sera conduit à se poser l'une ou plusieurs des questions suivantes :

• Suis-je aujourd'hui nourri par une envie, un projet, une vision qui m'amènent à lâcher le rétroviseur et à plonger à la rencontre de moi-même ?

• Mon projet professionnel - ou personnel - actuel et plus largement ma vie sont-ils en cohérence avec mon être, mes valeurs et convictions profondes ?

• Quel est mon espace propre de motivation, de passion, de création, mon point vital d'énergie ? De quoi suis-je riche, de quel rêve et de quel talent ?

• Quelle est la place de l'Autre dans ma vie : parents, enfants, conjoint, les amis et ennemis, la société, le Tout Autre… ?

• De quoi est-ce que je ne veux plus ? Que m'appartient-il de changer en moi et dans ma vie ?

• Quelles sont les peurs profondes, les résistances secrètes, les freins invisibles ou le saboteur que je retrouve régulièrement sur mon chemin dès qu'il s'agit de bouger, de transformer, d'initier un changement ?

• Quels sont les aspects de ma vie qui me semblent dissonants, insatisfaisants, et que j'aimerais transformer ?

Ces questions sont à associer à tout changement important pour s'alléger de tout ce qui a appesanti l'ancienne vie, en déceler les principales distorsions… et ne plus les reproduire.

Grand nettoyage de printemps

Vider, ranger, faire place nette. Il s'agit autant d'objets réels dont on n'a plus aucune nécessité que « d'objets psychiques », d'habitudes parasites… et souvent d'individus parasites !

Comment peut-on écrire sur une page blanche si celle-ci est déjà encombrée de souffrances, frustrations, insatisfactions, rancœurs du passé, êtres négatifs !

De même que nous avons magnifiquement su créer nos dépendances et entretenir nos souffrances, le cap de la retraite est l'heure idéale pour **les décréer et leur substituer d'autres créations conformes aux aspirations profondes**.

Nous sommes le principal artisan de cette **chirurgie psycho-plastique**. À nous à faire une œuvre d'art de notre vie, comme le chirurgien fait œuvre de remodelage sur un corps ou un visage… avec les inconvénients en moins.

Un événement tel que la retraite est comme **un premier janvier de la nouvelle année**. Tout est devant, tout est possible, tout est inconnu, tout est à inventer.

Alors, partons du connu. À partir de cette miraculeuse fenêtre d'énergie nouvelle qui nous est donnée, il est facile de prendre une feuille de papier et de mettre sur deux colonnes ce dont on ne veut plus et ce que l'on souhaite pour soi.

Et pourquoi pas se repasser les grandes étapes de la vie depuis l'enfance, histoire d'en découvrir les cycles et récurrences.

Un vrai bilan, avec un actif et un passif, et en prime la **synthèse** que vous en ferez et les **décisions** que vous prendrez, en total accord cette fois-ci avec votre être profond.

Au cours de ce bilan, certains se rendent compte que les marques du pouvoir auxquelles ils ont pu se cramponner ne permettent pas de mieux vivre le temps de la retraite. D'autres découvrent qu'ils auraient pu oser, évoluer, se remettre en question, se renouveler plus qu'ils ne l'ont fait.

Le bilan est souvent douloureux, rempli des décisions pas prises, des interdits qu'on s'est donnés, des soumissions, et on se dit : mais pourquoi ? Ne parlons pas du bilan de la vie personnelle, rarement satisfaisant…

Pourtant, ne pas faire cette démarche consciente, c'est laisser vivre l'insatisfaction dans les profondeurs du subconscient… et là, tout est permis car c'est le lieu des ruses et des symptômes multiformes et apparemment inexplicables… jusqu'à ce que la vie nous resserve, sans indulgence cette fois-ci, ce que nous n'avions voulu reconnaître.

Dans cette période de la retraite où il s'agit d'optimiser, de valoriser l'acquis des expériences de la vie, de préparer les fondations de son projet de vie et de développer sa vision d'avenir, combien se rendent compte qu'ils sont passés à côté des possibilités dont ils détenaient les clés, à côté d'eux-mêmes tout simplement. Trop souvent, ce constat passéiste assombrit le regard sur l'avenir.

Je vous invite à vous mettre dans l'état d'esprit de cette retraitée de 75 ans qui me disait : « *J'ai le sentiment qu'il ne faut pas gâcher les années données, c'est une prime, un bonus, pas un dû, il faut les utiliser au mieux.* »

Comment affronter ces questionnements tardifs et ces vérités parfois douloureuses ?

Quel que soit le moment de vie - préretraite, en plein passage, dix ans après - ce dont on a le plus besoin pour ce bilan relève de la connaissance de soi et nécessite une intériorisation.

La retraite... sur soi

Un bilan est un travail sur la durée, sur le temps, sur l'intériorité, rarement abordés durant les étapes de la vie active. Il s'assimile à une retraite sur soi en vue d'un renouveau.

Passer de la périphérie au centre

Nous sommes tous, individuellement, collectivement, universellement, en évolution. Évoluer, c'est changer, aller vers l'inconnu, transformer ses schémas, se redéfinir, oser, prendre des risques... **Or ce rapport à la vie est escamoté par l'éducation autant que par les modèles de société**, cristallisés sur des croyances inadaptées.

L'ouverture consentie et consciente au changement amène la fluidité. Seule la fluidité permet d'être, non de chercher à prouver... Prouver à qui ? Prouver quoi ? Sachant que l'autre et notre ego sont de perpétuels insatisfaits et masquent l'être secret.

Orientée sur le matérialisme, le profit, les preuves et conquêtes extérieures, la société tire l'individu dans un sens contraire à l'intériorité. À un point tel que la plus grande partie de l'humanité passe sa vie **à la périphérie d'elle-même** et des questions véritables. Ne nous étonnons pas que ce monde croule sous tant de problèmes irrésolus. Ils n'ont aucune solution puisque fondés sur une inversion des valeurs.

Penser depuis l'intériorité amènera les réponses... d'autres réponses que celles inadéquates perpétuellement recyclées par ceux qui gouvernent et légifèrent, peu importe leur appartenance.

À ce jour, **la découverte de soi n'a jamais été au programme** : les parents, l'école, l'université, le milieu professionnel lui sont hermétiquement fermés depuis longtemps ; il en résulte la soumission ou la rébellion aux modèles en place, ce qui ne donne aucune des clés pour se connaître.

Faute d'être recentré sur les aspirations de l'être profond, la vie enchaîne impasses, échecs, erreurs, problèmes multiples qui ont un effet rebond sur la société, l'humanité et la planète…

La majorité vit ainsi le quotidien sur le mode action-réaction… strictement instinctuel et émotionnel, sans discernement ni recul ni vision du lointain.

« Les gens qui ont 50 ans aujourd'hui sont sollicités de toutes parts : associations et projets associatifs, activités extra-familiales, culture, vie du quartier... ***Le monde extérieur les submerge, mais leur propre monde intérieur n'existe pas…*** *»*

Comprendre qui l'on est, se porter à la rencontre de soi, ne pas juger ses limites ni s'y complaire, s'appuyer sur ses talents et identifier ses lignes de force, trouver son accord profond comme on le fait avec un diapason, signent une vraie révolution. Cela peut réorienter les décennies qui restent à vivre.

Au programme des nouveaux seniors, je propose quatre strates à regarder :

• La vie affective et relationnelle… où l'on découvre que l'on ne connaît pas l'autre ou que l'on n'a plus rien à lui dire… Où les jeux de rôle inconscients durant des décennies se révèlent cruellement…

• La vie professionnelle et créative : il est l'heure de définir ce qui a été réussi ou raté et pourquoi. Les rêves que l'on ne s'est jamais autorisé à concrétiser peuvent ressurgir comme un appel du grand large. C'est le moment du recentrage sur soi.

• La vie du corps et de ses ressentis : il est incontournable.

• Et la vie intérieure : si l'ouverture spirituelle et cosmique est encore majoritairement endormie, au-delà de toute religion, pas un humain n'échappe aux grandes interrogations dans les moments clés de sa vie. Ouvrir cette porte intérieure peut apporter les réponses justes, venues du plus intime de soi.

Les questions du dedans

C'est alors que les questions essentielles apparaissent.

Imaginez que vous soyez artiste, écrivain, designer, architecte, astrophysicien(ne), explorateur(rice), vétérinaire, chirurgien, astronaute, pêcheur, violoniste, exploitant agricole… et habité de la passion de vivre.

Arrêter ou ne pas arrêter, être salarié ou pas, prendre ou non une assurance vie deviennent des options secondaires.

Seule interrogation : **comment poursuivre ce bonheur à s'épanouir et à être utile dans son domaine d'élection**.

Qu'importe que l'on ait 50, 60, 70, 80, 90 ans. Nous avons autour de nous suffisamment d'exemples forts avec le commandant Cousteau, Haroun Tazieff, Théodore Monod, Matisse ou d'autres qui tous portèrent leur passion au terme de leur vie. Lorsqu'on a du bonheur à travailler, pourquoi s'arrêter ?

Tout le monde n'est pas Cousteau, Tazieff ni Monod, disent les résignés ! Heureusement, point n'est besoin de clones, **il n'est pas question de reproduire mais d'être**.

Or chaque être de cette planète - quelques milliards - a sa raison d'être et son talent, infime ou grandiose, matériel ou abstrait, intérieur ou public. Chaque être peut y puiser sa joie s'il a la chance de les trouver et de les accomplir.

Dans une société de modèles qui ne sait que recycler - le vintage et les décennies phares du passé, le modèle glamour des stars fabriquées industriellement, le relooking copiant les modèles existants - **qui pense à chercher l'original et à être soi** ?

Cette vraie question sera pour les seniors l'enjeu des prochaines décennies. Après avoir été de bons exécutants, d'audacieux leaders ou d'irréductibles rebelles dans leurs anciennes activités, comme ils furent le bon élève, le chef de bande ou le cancre à l'école, **vient le temps de devenir soi**.

Cela demande un certain apprentissage, c'est la raison de ce livre !

Conserver un lien avec l'entreprise ou tourner la page ?

Lorsqu'il y a coïncidence entre l'activité et sa source de joie, le problème ne se pose pas dans ces termes. On parlera de continuité puisque l'activité se confond avec un aspect majeur de l'identité. Quand le projet professionnel se superpose au projet de vie, pourquoi le stopper ?

Lorsque l'activité n'a jamais été une passion mais une obligation, il n'est aucune nécessité de conserver un lien avec l'entreprise. Certains le font pour éviter une rupture trop brutale ou par plaisir d'exercer des missions dans un esprit de liberté, d'épanouissement ou de service. Souvent, les liens d'amitié professionnels sont maintenus avec les personnes, non avec l'entreprise.

Par contre, pour les irréductibles du changement, pourquoi regarder l'avenir dans un rétroviseur quand il n'est nul besoin ni envie de rester accroché au passé.
A nouvelle étape, nouvelle vie ! « *Mon grand-père était postier, mon père postier, j'ai envie de changer, mes pôles d'intérêt seront différents !* »

Le passé s'estompe rapidement et le ciment qu'était le travail se délite lorsque l'on s'aperçoit ne plus avoir grand-chose à échanger avec d'anciens collègues. Avoir partagé un temps un objectif professionnel ne suffit plus.

Il est donc inutile de se culpabiliser de rompre les ponts lorsque la relation reposait principalement sur l'atteinte d'objectifs communs dans un contexte déterminé. L'environnement a changé, le senior a à se recentrer sur son objectif personnel de vie, une tout autre étape que le projet d'entreprise.

Enfin, certains anticipent même leur départ, au risque d'une pénalité financière mais en privilégiant la qualité de la vie. Ces trois témoignages sont explicites !

« *Je suis parti car j'étais astreint à faire des choses qui ne m'intéressaient plus et d'autres qui me contrariaient presque quotidiennement. Quitte à perdre pas mal d'argent, je préférais m'en séparer. À 63 ans, je n'avais plus envie de m'ennuyer bien qu'ayant un certain nombre d'attributs : pouvoir, considération, relations. Ceci à mes yeux n'avait pas d'importance en regard de cette qualité de vie.* »

« *Je me suis volontairement arrêté à 61 ans. J'avais décidé de m'arrêter à 60 ans, j'avais toutes mes annuités : pourquoi continuer, la vie est belle, j'ai mille autres choses à faire ! La retraite me permet d'envisager plus facilement de faire ce que j'aime tout le temps. Je le définirais aujourd'hui comme être au service, me recentrer sur des projets de conscience et d'environnement et éviter le butinage et la dispersion. Je suis entré dans un vrai projet de vie, avec une dimension d'intériorité, de verticalité, que je partage avec ma femme, avec des amis. Quand on est en retraite, on se rapproche des amis qui sont également en retraite... pour découvrir rapidement que les gens qui vous passionnent ne sont plus les mêmes, que l'on n'a plus rien à dire aux amis connus depuis l'enfance. Et l'on se fait de nouveaux amis qui partagent les mêmes aspirations que vous, qui sont en recherche comme vous, dans les mêmes domaines que vous, nutrition, santé, voyage spirituel...*

On s'aperçoit que les amis de toujours ne sont dans aucune recherche profonde et à côté, on découvre des gens merveilleux que l'on ne connaissait pas hier et qui deviennent intimes en l'espace d'un week-end, avec lesquels on échange en profondeur, en vrai, en force, avec lesquels on partage des expériences, on voyage, on fait des stages, même des stages d'algues ! »

« *Mon père a eu plusieurs retraites, comme militaire de carrière, comme directeur de société, comme expert agréé auprès des tribunaux jusqu'à 80 ans. Quand je lui ai annoncé que j'allais m'arrêter, il m'a dit : tu es fou, que vas-tu faire, ce n'est pas possible, moi j'ai remis mon dernier dossier à 81 ans !*

Je lui ai répondu que c'était sa façon de voir la vie. Il a toujours beaucoup travaillé et ne concevait pas la vie autrement qu'en travaillant : il avait la mystique du travail.

Moi j'ai dit non, je ne veux pas de prolongement de la vie professionnelle, je veux être libre et choisir ce que je veux faire. On est libre de continuer une pseudo-vie professionnelle mais on peut choisir aussi tout autre chose. Ayant vécu une vie active construite, organisée, structurée, nous avons fait le contraire à la retraite. Ce qui n'exclut pas de retrouver les collèges avec grand plaisir mais sans ces contraintes. »

Le trousseau de clés…

La nécessité du bilan de vie et les questions fondamentales qui lui sont associées ont été posées.

En se prenant au jeu de vérité, vos premières réponses intérieures émergent.

C'est le bon moment pour vous apercevoir que tout un pan de votre vie n'a jamais été pris en compte, celui des envies, des passions et rêves personnels.

Ils sont peut-être encore flous, incertains, mais ils sont là, en attente d'être découverts, d'être soulignés et révélés, souvent d'être retrouvés.

Personne d'autre que vous ne peut aller à leur rencontre.

Vos choix personnels deviennent alors l'axe central d'organisation de la vie qui s'annonce. **Peut-être la première vie à être pensée, décidée, choisie en conscience.**

La grande vie commence

C'est alors que beaucoup s'aperçoivent qu'il leur manque les clés pour aller un peu plus loin.

Ces clés ne s'apprennent pas encore à l'école ni à l'université alors qu'elles constituent les fondations de la vie. Parmi celles-ci, l'être, la conscience, l'autre…

Et c'est alors que vous vous apercevez que vous avez cru conduire et maîtriser votre vie, que vous avez cru vivre, **et que vous vous êtes limités à ce que l'on vous a dit de la vie**. Qui « on » ? Toutes ces paroles dites d'experts… qui n'ont d'autre expertise que leur propre vie !

Tout est à repenser, cette fois-ci au travers de **votre seule perspective**. Mais celle-ci, sans l'alphabet préalable, ne vous mènera pas très loin.

Alors, avançons dans la construction du trousseau de clés de votre future grande vie !

TROISIÈME PARTIE

L'ÊTRE ET L'AUTRE : LES FONDATIONS DU PROJET DE VIE

Qui pilote notre véhicule physique et notre destinée le plus souvent ?

• Les autres ;

• Les modèles de pensée ;

• Les modèles parentaux et de l'éducation ;

• Les institutions ;

• Les circonstances ;

• La chance ou la malchance ;

• Le destin ou la fatalité ;

• Les traumas de l'enfance et leurs scénarios répétitifs au long de l'âge adulte ;

• L'illusion que tout ce que l'on n'a pas réglé s'arrangera dans le futur…

• La vie peut-être… mais que sait-on de la vie ?

On oublie simplement l'Être qui se cache derrière chacun de ces alibis, et que l'on ne sait entendre.
Mais qu'est-ce que l'Être ?
Et qu'est-ce que la vie pilotée par l'Être ?
Et qu'est-ce que le projet de vie ou projet de soi ?

Nos sociétés occidentales ont occulté ces questions essentielles et les ont bannies de la vie quotidienne.
Ne nous étonnons donc pas de l'insatisfaction, de l'inconfort, des désagréments, des stress, des rébellions et des imbroglios ambiants.

Ne nous étonnons pas que la relation avec l'autre (famille, couple, société, peuples) soit si souvent conflictuelle et basée sur l'incompréhension.
Comment peut-on envisager de bien communiquer et communier avec l'autre dès lors que l'on est coupé de soi et ignorant de qui l'on est véritablement. Et je ne parle pas là de la personnalité (personne alitée !), cette apparence factice que la majorité prend pour le personnage principal !
Souvenez-vous des courtisans qui dévastèrent la maison d'Ulysse et tous ses biens quand celui-ci partit au loin. Ils n'étaient que des usurpateurs, comme l'est la personnalité qui se hisse à la place de l'Être.

CHAPITRE 6

LA RÉVOLUTION SILENCIEUSE DU RETOUR DE L'ÊTRE

« Prends garde à tes pensées
car elles deviennent des paroles.
Prends garde à tes paroles
car elles deviennent des actes.
Prends garde à tes actes
car ils deviennent des habitudes.
Prends garde à tes habitudes
car elles deviennent ton caractère.
Prends garde à ton caractère
car il devient ton destin. »

Frank Hatem

Quelle croissance ?

Quel sera le programme prioritaire de la société du troisième millénaire ? L'Être, le travail intérieur et la croissance personnelle, l'autre et les infinies facettes de l'amour et des émotions, l'essence de la vie et son respect, le corps et la santé globale dans son interaction avec le corps et la santé globale de la terre, l'étude de la conscience, de la connaissance, des lois cosmiques, la libération des talents, la réalisation et l'accomplissement de soi…

Lorsque, de la primaire à l'enseignement supérieur, l'Éducation nationale mettra en œuvre ce programme en dépoussiérant son corpus pédagogique, alors nos sociétés redécouvriront le plaisir du partage, le respect de la vie et l'harmonie à être ensemble. Elles réintégreront leur place dans le concert galactique et universel.

Nombre de peuples dits premiers sont porteurs de ces enseignements, par voie orale, par « génétique spirituelle », par leurs écrits et images sacrés… encore perçus comme primitifs ! Des peuples aujourd'hui curieusement en voie de disparition.

Dans nos sociétés qui ont éradiqué l'homme cosmique pour le rétrécir à la fonction économique et à celle de consommateur, il est de bon ton d'évoquer quotidiennement les indices boursiers et les bons placements, mais il est fortement contre-indiqué de parler de conscience, d'expression personnelle, de création de sa vie, de responsabilisation, de croissance spirituelle…

Pour la majorité, la croissance n'est entendue que sous sa forme extérieure la plus triviale, associée au pouvoir d'achat et au tristement célèbre et toujours cité « panier de la ménagère ». Une « ménagère » qui a aujourd'hui plus de 50 ans et qui est en passe d'être la cible senior la plus convoitée !

Les pouvoirs publics, le management font référence à la croissance dans une perspective de performance donc de profitabilité accrue, avec pour ligne d'horizon le non moins célèbre pouvoir d'achat !

Dans les thérapies et médecines alternatives ainsi que dans les nombreux domaines liés au bien-être - des secteurs qui d'ailleurs croissent de façon exponentielle ! - le concept de croissance très présent a un tout autre sens. On le retrouve dans d'innombrables réseaux du Web, orientés vers la construction d'une terre plus pacifique et harmonieuse, à partir d'une remise en question individuelle de ses comportements, pensées, paroles, émotions et actions.

La croissance est d'abord intérieure… bien plus dérangeante et impliquante car chacun y est seul responsable de ce qui lui arrive. Elle demande de tourner le regard vers le dedans. Lorsque cette nouvelle perspective sera intégrée par le plus grand nombre, la société sera autre. Cette évolution est inéluctable et sera l'un des multiples bouleversements majeurs de ce premier siècle du millénaire. La seule maîtrise dont l'humain est responsable est la maîtrise de lui-même. Tant que cette maîtrise n'est pas acquise, le monde extérieur lui échappera comme il nous échappe depuis des siècles. Alors pourquoi s'obstiner à inverser l'ordre supérieur qui régit la vie ?

Chez certains peuples traditionnels, les parents, une fois leurs enfants élevés, se tournaient vers la spiritualité. Leur mission temporelle terminée, ils pouvaient orienter leur regard vers l'intérieur.

Or la spécificité du senior contemporain est justement sa **disponibilité pour s'occuper des choses essentielles** après avoir, pour beaucoup, été un forçat du travail obligé.

L'essentiel ? Ce que j'évoquais dans ce programme pédagogique du millénaire ! Soi, la cohérence intérieure entre ce que l'on est, dit, fait, la qualité des relations, la conscience de sa mission et de ses engagements terrestres, l'approche de la dimension cosmique peut-être…

Une interrogation nouvelle

Nous en sommes moins loin qu'il n'y paraît. Paradoxalement, l'état de mal-être général, de crise planétaire, y conduit directement, les contre-valeurs sur lesquelles nous vivons n'ayant plus rien à voir avec ce que nous sommes.

Le recentrage intérieur fait encore peur.

La peur de l'inconnu, de se confronter à son ombre, au fantôme, et de constater que c'est peut-être lui qui dirige la vie !

La peur de perdre la sécurité fantasmatique du « consommateur » pour explorer d'autres territoires de soi.

Mais ce mouvement d'interrogation de soi est en route et personne n'y échappera.

Il s'est ouvert par le biais de la psychologie, désormais banalisée dans une culture grand public au travers d'émissions et de rubriques. Même *le Monde* a la sienne !

La psychologie elle-même commence à être relayée par le psycho-spirituel qui va plus loin en questionnant l'être, la conscience, la mission de vie, les buts supérieurs de l'âme, le sens de chaque vie, la transcendance…

Un nombre grandissant d'individus à l'écoute de leur vie se questionnent, en quête d'une qualité existentielle autre, cherchant à s'aligner sur leur nature profonde, à comprendre leurs émotions, à se libérer des conditionnements, à se recentrer. Beaucoup se tournent vers des perceptions subtiles, dans une ouverture jusque-là exceptionnelle.

« Exister par soi-même, développer la confiance en la vie, se réunifier, retrouver la fraternité et le partage, oser l'inconnu et le nouveau, développer son talent, inventer sa vie... » Ces thèmes font audience dans les magazines féminins et les rubriques de psychologie.

Ils sont observés de près par les directions des ressources humaines.

Ils sont la matière première des coachs, formidables substituts d'une pédagogie défaillante.

Une écoute nouvelle se fait jour de l'intelligence du corps et du dialogue silencieux avec cette partie de nous qui sait. Appelons cela le ressenti et l'intuition, tous deux domaines de l'Être.

Développer une vision d'avenir fondée sur l'Être est bien un déplacement de perspective.

Cette révolution du regard s'adresse à la génération des 50-75 ans, celle des quinquas, seniors, grands seniors.

Si les différences entre tranches d'âge sont sensibles lorsqu'il s'agit de modes de vie et de consommation, elles s'annulent dès que l'on se réfère à l'Être. **Là, les segmentations stratégiques n'ont plus de raison d'être !**

Si les seniors n'ont pas l'exclusivité de ce retour à l'Être, **ils en sont au plus près**, avec les jeunes enfants pas encore déformés, les juniors, plus proches d'eux qu'ils ne le savent et ne le croient, les anciens qui ont fait le tour silencieux de bien des dimensions de la vie.

De jeunes tendances millénaires dans une société paradoxale

S'épanouir dans sa vie, en reprendre le contrôle, en être créateur... voilà un credo émergent qui, comme le New Age en son temps, réveille aussi les marchands du Temple !

Derrière cette marchandisation effrénée, le mouvement du balancier réhabilite des valeurs tombées en désuétude : la recherche du bonheur, la découverte d'un art de vivre, la gentillesse… Encore timidement évoquées, ces valeurs représentent une fabuleuse force de transformation individuelle et collective.

Loin de la compétitivité, des rapports de force, de l'individualisme des loups, renards et requins, la demande du public se porte enfin vers des attentes régénérantes, en remède à la perte d'identité et de sens.

Parmi celles-ci : donner du sens plutôt que chercher l'exploit, créer du lien, valoriser les émotions et le sensible, mettre bas les masques et prendre conscience de ses multiples sous-personnalités, apporter de la cohésion, de la résilience, se reconnaître soi-même, scénariser et interpréter ses schémas erronés de comportement pour les transformer… et enfin rire !

Les thérapies psycho-émotionnelles et artistiques - danse, son, couleurs, gymnastique holistique… - vont dans cette direction : révéler qui l'on est, trouver son rythme, son chant, son souffle intérieur, se RE-trouver et RE-naître.

Silencieusement présent en chacun de nous, l'Être est devenu quasiment inaccessible au travers des multiples écrans de consommation superposés tout au long de la vie : traites pour la maison, pour la résidence secondaire, crédits pour les loisirs, la hi-fi, le wifi, l'équipement domestique, la déco, la scolarité des enfants, la santé, la voiture…

De même que le cerveau gauche est valorisé pour ses aptitudes linéaires, logiques et factuelles au détriment des fonctions intuitives et holistiques, **l'avoir reste l'unique référentiel de millions de « consommateurs »** qui trouvent normal de laisser cerveau droit, âme, être aux oubliettes.

Une société unijambiste est vouée à l'effondrement.

Une société qui ne se soucie que de croissance extérieure sans avoir le contrepoids de la croissance intérieure se condamne elle-même à l'autodestruction.

C'est le processus qui est engagé pour ceux qui savent lire les signes.

L'apparente normalité d'une hyperconsommation prenant appui sur les faux dieux du pouvoir d'achat et de la croissance matérielle, largement encouragée par les autorités de ce pays, **sera bientôt considérée comme la plus grande pathologie et imposture de ce dernier demi-siècle**.

Beaucoup dénoncent cette névrose collective sans qu'on leur permette d'être entendus. Les décennies qui viennent en éclaireront pourtant les principaux dysfonctionnements.

Après avoir vécu le projet professionnel et ses contraintes, voici les seniors libres de mettre en œuvre le projet de soi, de s'orienter sur la réalisation intérieure. Le seul cahier des charges est celui qu'ils se fixent.

C'est pourquoi il est urgent, avec quelques outils méthodologiques, de redonner à l'Être une plus juste place et de rétablir un équilibre pour l'heure inexistant.

Réveil collectif et aveuglement des décideurs

Nous assistons aujourd'hui à une double prise de conscience par le public : celle de **l'inadéquation** de nos structures de vie et celle d'une **réappropriation** encore fragile des responsabilités individuelles.

La mise en lumière grandissante de tous les scandales au long de la chaîne de vie - alimentaire, médicale, environnementale, urbaine, civique, politique, économique, financière, affective… - ne fait que commencer car il semble bien que, selon la tectonique des plaques, tout finisse par remonter et être visible par tous !

Sur l'autre bord, bien des dirigeants des différents secteurs d'activité se comportent encore comme si le « peuple » devait rester ignorant, occultant les conséquences à long terme de leur absence de vision.

Les prospectivistes et les statisticiens ne voient pas encore **qu'une autre société s'invente à partir de l'expérience de chacun et que de nouvelles valeurs de vie se dessinent**.

L'enfermement dans des indicateurs factuels, dans des analyses réductrices, dans une vision confinée à l'économique a nié l'intériorité, l'intime, le personnel. Quoi de plus naturel que l'être oublié s'exprime aujourd'hui par des maladies physiques et psychiques et par la violence. Elles sont le miroir de l'incompréhension profonde de ce qu'est la vie et de sa négation quotidienne.

De même, **l'être est naturellement absent des sondages car il n'a pas d'existence officielle**.

Il a déserté la communauté scientifique qui ne mesure ni n'appréhende que le visible à son instrumentation, alors qu'il est notre centre. Quoi de plus logique que de nier l'existence de ce qui ne peut être prouvé… **jusqu'au jour où 98 % de notre vie sera inexplicable à son analyse !** Il lui faudra bien, alors, revoir ses protocoles et sa perception de « ce qui n'a pas de réalité » et reste invisible… comme nos émotions et nos pensées par exemple !

Globalement, les intellectuels, les politiques, les économistes, les religieux et la majorité des médias n'ont apporté, à ce jour, ni le respect de la vie, ni la tolérance, ni des solutions à la souffrance du monde.

Pire, ils entretiennent des schémas de pensée devenus caduc, sous une apparente liberté d'expression.

Ils ne tracent pas de nouvelles voies, se limitant à faire des commentaires de texte sur ce qui se passe.

Les choix se font encore à court terme et sans préparation intérieure.

Si l'on met dans la balance de l'humanité les progrès technologiques et le mal-être, la course au confort et la pauvreté écrasante dévastant la planète, il est de notre devoir collectif que l'entrée dans le XXIe siècle soit le coup d'envoi d'une nouvelle façon de faire, d'être et de vivre.

Des scientifiques américains émettent l'hypothèse que les phénomènes climatiques tels que tornades, ouragans, cyclones, tempêtes soudaines, pourraient être initiés par nos débordements émotionnels. Un bel effet miroir qui vaut la peine qu'on s'y intéresse !

L'urgence est déclarée. Les différentes manipulations technologiques, génétiques, alimentaires, médicales et vaccinales, financières, affaiblissent rapidement l'humanité à son insu.

L'effet boomerang est une loi que nous n'avons pas fini de vivre à notre corps défendant, du sang contaminé à l'amiante et aux OGM, des dégazages côtiers généralisés aux pollutions industrielles.

Mais la pire des pollutions est **psychique**… donc invisible donc inexistante pour les *addicts* de la preuve ! Elle réside dans les systèmes de croyance et les choix de vie qui étayent le quotidien.

Seniors : la balle est dans votre camp

L'arrivée massive des seniors dans cet entredeux de la retraite représente une **opportunité formidable de conscience et de changement**.

Vous avez vécu, gagné, dominé, consommé et vous constatez aujourd'hui l'impuissance collective à résoudre ces problèmes. Vous en avez souvent une culpabilité secrète renforcée par la violence de la jeune génération, qui vous tend le miroir de vos impasses et de vos manques.

Votre disponibilité nouvelle est une brèche sur cet être intérieur qui commence à frapper à la porte.

Dans cette dernière partie de vie, un nombre grandissant d'entre vous abordent les questions essentielles, celles que l'on ne pose pas durant la vie active, les seules à pouvoir conduire vers des solutions collectives autres.

Toujours plus d'entre vous cherchent à devenir conscients des enjeux, à appliquer votre libre arbitre, à être pleinement responsables de vos choix de vie.

L'insatisfaction justifiée dans tous les domaines de la vie quotidienne marque le début d'un éveil collectif formidable, elle est le signe annonciateur d'une formidable évolution.

Chaque senior peut être aujourd'hui l'artisan d'un changement collectif de vision et de comportement.

Chaque senior peut devenir le pionnier qu'il fut en d'autres temps et sur un autre plan.

Le voulez-vous vraiment ?

CHAPITRE 7

L'ÊTRE OU LA VOIE DE L'INTÉRIORITÉ

« Dès que l'on cesse de travailler, il devient aussitôt possible de recontacter tout ce que l'on a oublié : la vie, les autres. Nous avons cette liberté de commencer une vie plus consciente, comme la femme qui prend son envol une fois que les enfants partent, ou comme les enfants qui deviennent adultes lorsque leurs parents disparaissent.

Tout est dans le regard que l'on pose sur les contraintes de la vie. Les seniors ne cherchent pas de nouvelles connaissances mais un éveil de la conscience, juste se réveiller sur un autre plan que la psychologie ou la morale. »

Un senior de 65 ans

Les grands fondamentaux de l'humain

Quelles sont les aspirations des quinquas en activité lorsqu'ils imaginent un projet de vie pour leur retraite ?

Leur rêve se construit idéalement autour de trois pôles également répartis.

■ Un pôle relationnel qui inclut prioritairement la famille, toujours très investie, et les amis. S'occuper du couple est alors à l'arrière-plan, les priorités étant autres dans la dernière ligne droite avant la retraite. Une question qui reprendra sa place plus tard… dès que le face-à-face sera à l'ordre du jour !

■ Un pôle lié au faire, à l'action, avec deux voies d'expression très distinctes.

Beaucoup rêvent de réactiver des talents artistiques enfouis, oubliés ou mis de côté : chant, musique, écriture, danse, théâtre, peinture, dessin, vidéo, art du jardinage, massages, cuisine, et tout type de travaux et créativité manuels…

Dans une moindre proportion, quelques-uns aspirent à conserver une activité sous forme de missions ponctuelles ou d'activités associatives, sans pour autant qu'il s'agisse d'une seconde carrière.

Réservons la « seconde carrière » à la vie professionnelle et parlons plutôt d'un **nouveau profil d'activités qui con-**

cilient souvent une passion, un profit et un caractère altruiste : chambre et table d'hôte, orientation de juniors, déco, brocante…

Cette aspiration des actifs montre le passage du « faire obligé » à une expression personnelle créative et relationnelle. Pour effectuer et réussir ce glissement, il est préférable de bien se connaître !

■ Dans les mêmes proportions, un troisième pôle émerge : s'atteler à un art de vivre, à un équilibre, en développant un état d'esprit plus intériorisé, harmonisé et pacifié. Là encore, une plus grande intimité avec soi est l'une des voies pour y accéder.

S'occuper de soi, corps, âme et esprit, mobilise les envies, même si cette aspiration reste abstraite par manque de disponibilité… et par manque de contenu !

La recherche personnelle dans le domaine de la connaissance de soi et de la spiritualité apparaît comme l'une des voies de réalisation intérieure possible, mais difficilement accessible pour les mêmes raisons.

C'est ainsi que l'on chemine vers la paix et le bonheur qui ne sont nulle part ailleurs qu'en soi… Pourquoi ne feraient-ils pas partie de notre ADN spirituel au même titre que le patrimoine biologique ?

Si ces options se retrouvent chez les seniors en retraite, elles donnent naturellement plus de place au pôle de l'être, la retraite devenant **le temps de l'être retrouvé**.

Une fois retraité, il semble que la page de la vie se tourne d'elle-même, amenant à d'autres rythmes, d'autres états, d'autres expériences. La seconde carrière se fait lointaine jusqu'à disparaître. Le retraité ne raisonne plus en terme de performance mais d'être.

L'être n'exclut ni l'action ni l'engagement, mais en transforme le sens profond.

Trois pôles de projets sont mis en pratique par les seniors retraités :

■ S'occuper de soi caracole en tête avec le renouveau d'intérêt pour la famille, le couple et les juniors. La disponibilité rend cette priorité parfaitement réalisable.

C'est alors qu'apparaissent les inégalités de longévité et le jeu des amours. Beaucoup de femmes se retrouvent sans leur conjoint, par séparation ou par décès de celui-ci. Une ombre sur le projet de vie, mais aussi l'obligation de se recentrer sur soi et de développer une écoute plus attentive des aspirations intérieures.

■ La création d'une activité de service, nourrie par la générosité ou la créativité et non par le profit, est valorisée : le bénévolat, la création de clubs du 3e âge, l'écriture comme outil d'expression de l'expérience intérieure… Constatons que la majorité des bénévoles associatifs sont des seniors.

Le développement des talents artistiques multiples a la part belle dans ce regain d'activité, démontrant encore une fois que l'homme ne peut vivre sans créer, peu importe le support.

■ Enfin, mieux se connaître et pouvoir se consacrer à un art de vivre sont un pôle d’intérêt tout à fait activé.

Vivre en paix et en conscience, être attentif à ses pensées, son état d’esprit, entretenir l’enthousiasme, partager l’affection, bien s’entourer, faire confiance… Autant de façons de participer à une plus grande harmonie générale dans sa propre vie et de contribuer à un mieux-être dans son entourage proche.

C’est aussi se laisser vivre sans contraintes, s’abandonner à la grâce de l’instant présent. C’est alors que le mot vivre prend valeur et sens.

Les préoccupations fondamentales de l’humain reprennent leur juste place : le bonheur, la paix, l’enthousiasme, la créativité, le lien, l’impulsion de projets petits ou grands…

Cette bascule du regard porte un **démenti puissant à la vision catastrophiste ambiante**. Celle d’une société complaisante envers les scénarios d’horreur ou l’ineptie de la télé-réalité. Celle d’une société qui s’engloutit dans un hédonisme tout-puissant où seuls les sensations et le plaisir immédiat et compulsif sont recherchés.

Or, derrière l’égotisme et l’abrutissement fort prisés aujourd’hui, veillent la sagesse, la conscience, l’amour, la fraternité solidaire… Tout cela est en nous, **tout cela est notre signature humaine**, mais si longtemps disqualifié que beaucoup tendent à l’oublier.

Alors que l'on nous parle quotidiennement des grands fondamentaux de l'économie, nous contactons ici les grands fondamentaux de l'humain.

Des systèmes d'illusion au connais-toi toi-même

Que veut dire démarche intérieure pour quelqu'un qui ne sait pas ? Il a un rejet. Les systèmes de croyance extérieurs l'empêchent d'accéder à lui. La plupart ne vivent que par l'intermédiaire de ces modèles : parents, éducation, société, ceux que l'on se crée par rapport à sa propre histoire.

Vivre n'est pas cela, vivre, c'est enlever les couches de ces systèmes qui font écran. Trop vivent sur des **systèmes d'illusion**… et ne supportent pas qu'on leur dise qu'ils se sont construits sur des mirages.

Heureusement, la lame de fond du réveil, des interrogations, du désarroi, est là. Mais ils ne savent plus comment se réapproprier leur propre vie.

L'intériorité n'est pas le repli sur soi mais **l'entrée en soi** pour rayonner avec plus de justesse au travers d'une action sur le monde extérieur.

L'intériorité est un **état de conscience**, comme l'est le bonheur, la compréhension de la vie, la relation à l'autre. C'est une façon d'être plus près de soi, plus présent, plus vivant, plus conscient.

Se rapprocher de soi, c'est s'accorder de réaliser ses aspirations et d'en être heureux.

Avec la disponibilité dont les seniors héritent, vient la profondeur.

La profondeur passe par un recentrage sur l'essentiel, les besoins du cœur, de l'âme, de l'esprit, du corps.

Alors que les quinquas vivent encore sur le mode d'incessants besoins matériels et affectifs souvent primaires, le temps libre amène les seniors à redécouvrir des valeurs d'intériorité et de spiritualité.

Cette nouvelle nature d'aspirations peut conduire à déserter le vieux carnet d'adresses, l'écart d'affinité s'étant creusé avec les amis d'autrefois. Tel l'adolescent qui découvre le monde, le plaisir de cet âge est aussi d'ouvrir sur de nouvelles rencontres, de nouvelles façons de voir et de vivre.

Qui suis-je ? Où vais-je ? Vaste programme aux entrées multiples !

Tout senior va-t-il continuer à vivre avec les mêmes qualités et défauts qu'il a toujours eus ?

La retraite ne va pas le transformer mais lui peut SE transformer, à condition de se connaître…

Se connaître ? Le voyage d'une vie, l'intérêt étant plus dans le voyage que dans le résultat final !

Se rencontrer - à défaut de se trouver - c'est traverser masques et rôles, projections et illusions. C'est poser d'abord les fondations à l'intérieur.

C'est s'élever au-delà de la personnalité égotique qui veut, s'approprie, abandonne, trahit, se méfie, menace, manipule, détruit, profite, exploite…

Si à ce jour, la vie active a tout fait pour oblitérer un tel retournement, on observe depuis le tournant du millénaire un raz-de-marée en faveur de cette mystérieuse rencontre intérieure.

Le concept de développement personnel se répand comme une traînée de poudre par des émissions, des conférences, des livres.

En 2004, la Fnac organisait une quinzaine du bien-être. Au programme : Prendre soin de soi… S'épanouir en toute sagesse… Et si je changeais ?… Moi et les autres… Le bonheur est-il dans le couple ?… Ma santé ça va ?… Manger juste manger bien… Prendre soin de son corps. Parmi les intervenants, les nouveaux mentors du bonheur dont Matthieu Ricard proche de l'influent et savoureux Dalaï-Lama.

Le magazine *Être soi* se lançait, sur ces mêmes thématiques : *« Être là bien dans son corps, Etre Soi bien se connaître, Être ensemble en harmonie avec les autres, Raison d'être, En quête de spiritualité ».*

Bienvenue à ce courant de fond qui rend son actualité à une réflexion et une pratique que sages et philosophes de toutes les civilisations ont faites leurs.

Bonne nouvelle car cela permettra à tous ceux secrètement engagés dans cette démarche, de vivre au grand jour des exigences intérieures qui n'ont rien d'occulte ni de sectaire, bien que tout soit fait pour nous en persuader !

Quelques morceaux du puzzle !

Comment peut-on vivre en accord avec ses goûts et ses idéaux si l'on ne se connaît pas ?

Comment engager un projet de vie si l'on ignore ses aspirations profondes et réelles ?

Comment trier entre les besoins artificiels fabriqués par le marketing et la publicité et ses propres envies ?

Comment se différencier des valeurs souvent fausses et inversées de la société si l'on ignore tout des valeurs éternelles qui ont guidé les civilisations ?

Le « connais-toi toi-même » débusque l'habit d'ego. « *Celui qui sait qu'il ne sait rien en sait toujours plus que celui qui ne sait pas qu'il ne sait rien* », disait Pierre Dac.

S'interroger sur ce qui compte le plus dans sa vie, se poser la question du sens de la destinée, celle de sa mission de vie, sont les interrogations indispensables pour développer une vision juste et se rapprocher de l'essentiel.

Se connaître ramène à la justesse intérieure, à la conscience que les règles intérieures ne sont pas nécessairement les mêmes que celles qui nous formatent.

Dans cette connaissance intime, plusieurs partenaires sont en jeu, avec chacun un poste stratégique.

Le corps dont les envies et rejets sont un baromètre quotidien du ressenti et des perceptions. Toutes les activités corporelles libérant cette voie sensible sont à favoriser.

Les émotions à la palette potentiellement illimitée dans chaque nouvelle situation. L'observation de ses émotions peut élucider bien des schémas d'enfermement et de destruction, restés invisibles tant que l'on s'abstenait de regarder !

Le mental ou intellect qui permet d'accéder à une compréhension rationnelle de type cerveau gauche. Je le place intentionnellement en dernier car les conséquences de son surdimensionnement sont catastrophiques.

Cette métastase de l'intellect a conduit à idolâtrer toute une classe d'« intellectuels » qui n'ont jamais fait la preuve de leur efficacité pour réparer les souffrances du monde et proposer des voies d'amélioration.

Le plus souvent brillants dans le verbe - donc hypnotiques pour ceux qui sont privés de ce don -, fréquemment théoriques, fascinés par la puissance de leur image sur les foules, ils ont pour la plupart démontré leur coupure de l'être essentiel, particulièrement des émotions.

De plus, la majorité témoigne, par leur vie, de **l'absence de congruence** entre leurs intentions et leurs actes. Savoir, faire et être sont trop souvent dissociés, alors que **le sage nourrit ses paroles de sa seule expérience et cohérence intérieure**.

Le corps, les émotions, le mental tels qu'exercés dans notre culture relèvent du niveau de conscience ordinaire !

L'intuition, ou supraconscience, fait appel à un niveau de conscience supérieur, énergétique, cosmique, dont nous ne maîtrisons rien mais qui n'en est pas moins déterminant pour piloter un projet de vie.

Nous faisons intervenir cet outil de la supraconscience dans le chapitre sur la construction du projet de vie. Il est manifestement en relation avec le développement du cerveau droit.

De l'interaction harmonieuse de ces quatre instruments - le corps, les émotions, le mental, l'intuition ou la supraconscience -, naît le **ressenti juste**. Cet état d'ouverture à soi, est la condition de la fidélité à soi-même. Il est la route de l'intériorité.

Certains le développent quasi intuitivement, d'autres rament pour accéder à des ressentis infimes.

La coupure avec ses ressentis est à l'origine de la plupart des maladies et des comportements erronés.

« *Maintenant, je n'admets plus ce que je ne sens pas, raconte une senior de 62 ans, pour qui les portes de l'intériorité sont largement ouvertes. La sincérité à soi, c'est être fidèle à une intuition intérieure.* »

S'épanouir et se réaliser

L'être intérieur de chaque humain ne demande qu'une chose : se réaliser.

Une fois les besoins primaires fondés sur le manque - argent, statut, sécurité, aimer et être aimé - on passe aux besoins secondaires, qui sont de l'ordre de l'épanouissement et de la réalisation de soi.

C'est dans le courant des années 60, en aboutissement de son œuvre, que les niveaux de « la pyramide de Maslow » étaient énoncés par le psychologue et humaniste Abraham Maslow… Constatons le temps d'intégration dont nos sociétés ont besoin pour évoluer vers ce qui les équilibre !

Il y a encore une décennie, de tels mots dérangeaient comme si la réalisation de soi procédait d'une revendication d'illuminés ! Tout au plus l'appliquait-on - avec modération et vigilance ! - aux créatifs.

L'épanouissement est bien plus vaste que ce que l'on en dit. Il induit une **interaction vivante** entre tous les champs d'activité de la vie, du corps à l'esprit en incluant la famille, les amis, le travail, les finances, la collectivité, la spiritualité…

Bénéfique individuellement et collectivement, il apporte un mieux-être global corps-âme-esprit, avec une incidence directe sur l'entourage proche ou lointain. Ne dit-on pas « être bien dans sa peau », comme si le plus extérieur - la surface ! - était aussi le reflet de l'intériorité la plus secrète.

S'épanouir évoque une musicalité de l'être. L'accord, être bien avec soi donc avec les autres, être en harmonie, sont une des façons d'accorder son diapason personnel au son primordial de l'être intérieur. Le respect de cet accord intérieur aide à vivre dans la justesse et la conformité à soi. C'est la condition d'une intégrité de l'être avec lui-même.

Ainsi, s'épanouir, **chant de l'être**, est aussi la condition d'un **champ de conscience** élargi à l'autre, au tout autre, à l'être cosmique que nous sommes…

À l'écoute de soi, il est alors possible de trouver **son rythme propre**.

Le rythme de la vie active est déterminé par le milieu extérieur : travail, horaires, circulation, enfants, courses, animaux…

Le rythme de la retraite est déterminé par soi.

Mais il n'est pas si simple de retrouver un rythme qui parte de soi et non des sollicitations extérieures que l'on subit.

« *S'il n'y a pas de changement de rythme, il n'y a pas de vie ! Quand on part à la retraite, la première envie est de ne rien faire, les grandes vacances paraissent idéales. Mais c'est vite catastrophique. Une année sabbatique fout tout en l'air : on commence à se laisser aller, on glisse vers le dilettantisme en se disant : demain je me lèverai plus tôt. Ce n'est pas la solution.*

Pour moi, être en vacances de retraite, c'est fonctionner autrement, à ma manière. Ce qui ne m'empêchera pas de poursuivre jusqu'à la mort. C'est même le contraire : j'en ferai dix fois plus mais autrement ! Quand on prend son projet en main, on ne fait pas trente-cinq heures, c'est un plein-temps. C'est là que j'ai réalisé que j'aurais pu régir ma vie professionnelle tout à fait différemment ! »

Gageons que dans quelques décennies, **s'épanouir relèvera d'un acte citoyen assurant une santé publique holistique !** Le principal est déjà de s'y engager pour soi. Moi je m'y engage ! Et vous ?

Pour commencer, *« être équilibré, en accord avec soi et bien dans sa peau »* résume un projet de vie pour près de la moitié des actifs et retraités. Les perspectives s'éclaircissent !

Écouter l'être intérieur, c'est entendre le murmure du cœur qui cherche à échapper à l'emprisonnement de la personnalité.

Il est, il sait, il voit et il entend tout, qu'on l'appelle la petite voix, le sage, le nombre d'or, la présence, le Soi, la supraconscience, le cosmos, le tout, Dieu...

Il est tout cela car ses dimensions sont multiples, illimitées, universelles, harmonieuses.

Alors… l'envie vous dit d'aller à sa rencontre !

CHAPITRE 8

LE DÉFI DE L'AUTRE !

« Ici, nos frères et nos parents sont l'ensemble des êtres dans la nature : grand-mère pierre, frère nuage, sœur fleur : notre pensée de la famille est très différente, elle est élargie à tout. »

Gardiens de la Terre, Le Colombier 2003

L'Autre ou la palette des émotions

« Mon projet ? Écouter mon cœur ! »

L'écoute de l'autre est **une question de résonance**. L'inconnu est cet ami que l'on ne connaît pas encore.

Nous sommes tous des êtres de relation. L'échange, les rencontres, vivre des relations harmonieuses, constructives, épanouissantes avec les autres sont l'une des clés d'une vie équilibrée et heureuse. Pourquoi est-ce si difficile !

Aller à la rencontre des autres est **un jeu de reflets** avec sa propre rencontre intérieure.

Rencontrer, c'est comprendre, tisser des liens d'intelligence et de cœur avec une multiplicité d'êtres. Ces rencontres sont autant de facettes renvoyant à l'infinie diversité autant qu'à la profonde unité qui régissent l'humain.

Chacune fait écho à des parcelles de son propre être, les réveillent, les révèlent, les confirment, les bousculent. **Pourquoi se limiter aux styles de vie artificiels que l'on cherche à nous vendre en continu quand l'infinité est en soi ?**

Qui ne rêve de relations épanouissantes !

L'autre est l'une des voies royales de l'amour, ce mot amour étant placé dans une perspective large, non rétrécie au couple ou à la famille de sang.

L'autre, les autres, nous installent dans une consanguinité de cœur, en dehors de toute hérédité et dépendance biologique. Ils nous font accéder à une fraternité planétaire d'une toute autre nature que le noyau familial limité - même s'il a sa raison d'être !

L'autre est le révélateur de notre liberté autant que de nos limites.

Cet autre multiple incarne le champ illimité de nos possibles.

L'autre proche et tous les autres représentent l'étendue de notre palette d'amour, chaque nouvel autre étant la découverte d'une nouvelle tonalité, coloration, touche, indispensable à la beauté de l'ensemble.

La voie de l'autre est la voie du cœur, de l'affect, de l'immédiateté et de la durée, de la surface et de la profondeur. Chacun va vers l'autre en recherche de son propre mystère, pour se connaître autant dans ce qu'il est que dans ce qu'il n'est pas. Là est la résonance.

La vie affective fait souvent traverser des expériences douloureuses de maltraitance physique et psychique, de relations impossibles bourreau-victime-sauveur. Combien de blessures, d'erreurs, d'impasses nées de projections, de peurs, d'identifications trompeuses.

Dans le temps retrouvé de la séniorité, la sagesse et la vérité de la relation ont la possibilité de se substituer à l'ignorance et à l'incompréhension.

L'expérience et la maturité aidant, après avoir expérimenté tous ceux qui ne nous conviennent pas dans la vie personnelle et professionnelle, on peut enfin décider de ne plus se faire de mal en choisissant les nouveaux autres bénéfiques.

Ils seront alors en résonance avec l'être profond, loin des jeux cruels et illusoires d'attraction et de séduction déterminés par l'image, par des croyances erronées, par des systèmes de fuite, de manipulation, de prédation... loin de la personnalité.

L'appel du service

« *Me rendre utile... contenter les proches, les voisins, la famille, c'est ça qui compte !* »

Le service est l'autre branche de notre aptitude relationnelle.

Aimer est souvent associé à servir, comme le démontrent les multiples engagements associatifs qui caractérisent la retraite.

Servir rejoint cet autre besoin fondamental de l'humain : se sentir utile !

Se sentir utile, rendre service est un des leitmotivs du projet de vie.

Cette orientation multimillénaire est enfin confirmée par médecins et thérapeutes qui reconnaissent tardivement que l'énergie d'amour dégagée par le partage et le service est un bienfait pour la santé globale, physique et psychique. (*Guérir* - David Servan-Schreiber.)

Une utilité dont les formes varient également à l'infini, autant que celles de l'amour.

Pour une amie et mère seule, c'est se consacrer à son fils en lui donnant les moyens de sa future autonomie d'adulte : « *J'ai eu un enfant tard et je suis seule, mon projet, c'est lui donner la possibilité de faire jusqu'au bout les études de son choix, que mon fils fasse ce qu'il a envie de faire. Ce n'est pas une privation mais un choix, plus que mes problèmes personnels, je veux l'aider dans ses aspirations personnelles.* » Pour d'autres, c'est donner du temps aux autres, aux enfants dans les hôpitaux, aux prisonniers… »

Comme le résume un senior : « *Un projet de vie doit conduire à un mieux-être pour les autres et soi-même, on est loin du cocooning !* »

Aimer, partager une résonance, se rendre utile, sont le triptyque gagnant pour une santé, une longévité, un mieux-être et une qualité de vie accrue. Telle est la perspective qui s'ouvre aux seniors à l'aube de leur nouvelle vie.

Et le couple ? !

De l'espace intérieur…

Nourrir le couple tout en préservant l'espace intérieur est l'un des réajustements nécessaires de cette période.

On entend parfois certaines femmes dire : « quand mon mari sera à la retraite, on sera toujours ensemble… je ne peux pas être seule une semaine ! »…

Une telle peur du vide peut conduire à un enfermement pathologique. Cette attitude est révélatrice de l'absence d'espace intérieur et de l'angoisse inconsciente entretenue par une société qui a bâillonné l'être.

Il est vital de ne pas tout faire ensemble. Il est usant de vouloir tout organiser en commun… Ruptures, conflits, pathologies multiples en résultent lorsque l'espace intérieur de chacun est ainsi asséché.

L'illusion du « on fera tout ensemble » fait oublier l'importance de respecter rythme, tempo, sensibilité de chacun.

Ne pas se dire comme beaucoup : je ne vais pas à telle activité car je ne veux pas y aller seul. Chacun doit pouvoir faire son expérience dans la liberté et le respect de ses propres envies. Ne pas se forcer à partager, c'est aussi se respecter. Après, chacun se retrouve ou pas avec son expérience.

La peur inversée existe ! « *Mon mari m'a dit il y a dix ans : j'angoisse vraiment à l'idée que l'on se retrouve en tête à tête jusqu'à la fin... Aujourd'hui, c'est lui qui me dit : reviens, j'en ai assez d'être seul... et je suis ravie, c'est sympa ! Une des clés de cette période est la remise en question qu'il a entreprise depuis dix ans. Moi, dans la mesure où j'ai toujours été en état d'ouverture, cela ne m'a jamais posé de problèmes.* »

Construire une relation de couple suppose donc de laisser sa liberté à l'autre, de revendiquer sa propre liberté dans une confiance mutuelle, de réfléchir ensemble à l'évolution du projet de vie. La question de la retraite à deux est essentielle car une interdépendance se crée : pour tenir compte en permanence des besoins et du rythme de l'autre. Or, on s'aperçoit qu'avec les années, les rythmes diffèrent. Quand il y a une bonne entente, chacun peut prendre des libertés, à condition que ce soit dans la confiance, sans l'angoisse d'être trahi, abandonné.

À la redéfinition de l'espace extérieur

Quand les deux membres du couple se retrouvent ensemble dans une maison où chacun se croisait auparavant de brefs moments, le territoire est à renégocier en fonction des rythmes et des nouvelles activités de chacun.

Cela est vrai également dans la phase où l'un est à la retraite alors que l'autre poursuit une vie active.

Un ami me dit cette chose terrible : « *Ma femme m'en veut car je passe l'aspirateur au mauvais moment ! Dans l'organisation du temps familial, l'occupation des lieux devient capitale, on ne pense pas que lorsque l'homme est constamment dehors pour son activité, il a besoin d'une pièce pour lui une fois à la retraite.*

Il faut définir des espaces, les redistribuer sinon ça crée des conflits. On redécouvre une vie en commun qui n'est plus du tout la même que celle qu'on a connue en activité, ne serait-ce que de déjeuner ensemble tous les jours.

Avant chacun prenait ses repas de son côté. Il faut réapprendre à cohabiter, opérer une redécouverte sentimentale, sexuelle. Ce sont des choses auxquelles on ne pense absolument pas dans la phase active.

La façon dont chacun le vit dans l'approche de sa propre vie dépend de la culture et de l'environnement familial.

Il peut y avoir des décalages dans les couples. La prochaine grande interrogation est lorsque ma femme cessera de travailler ! Mais nous avons chacun nos pôles d'intérêt, elle a ses hobbies, j'ai les miens. Je ne le sens pas comme une préoccupation. Je pense que ma femme est plus inquiète que moi de son passage à la retraite, elle me dit de temps en temps : je te préviens, je veux avoir mes propres activités. Si je décode, c'est sa façon de me dire : je veux mon territoire pour vivre ! Le respect de l'espace de vie de chacun est indispensable.

Une des premières choses que j'ai faites avant de commencer la retraite a été de construire mon espace. J'ai annoncé à ma femme que je voulais faire de la véranda ma pièce d'écriture pour avoir un cadre de vie agréable. C'est là que j'ai installé mon bureau, c'est génial, lumineux, idéal pour écrire.

Là on aborde la vie de couple et la tolérance. J'ai compris très tard que le succès d'un couple passait par la tolérance... savoir prendre l'autre tel qu'il est ! »

D'une façon plus générale, le cadre de vie est déterminant pour la qualité de la vie intérieure. En atteste le succès grandissant du Feng Shui en Europe, ouverture sur la santé énergétique de l'habitat. Dans ce moment de la vie où l'on passe plus de temps chez soi qu'à l'extérieur, être attentif à l'ambiance, à la lumière, aux couleurs, à l'énergie du lieu est essentiel.

Établir des règles communes

Mais comment redessiner un espace-temps à sa mesure et à celle de l'autre ? La mise en place de règles de vie communes est l'une des conditions de cet équilibre global.

Les tentations de dérive du temps existent : se lever à 11 heures du matin, glander, bouquiner toute la journée, se scotcher devant la télé… La solution ? Garder un rythme. « *Je me lève en même temps que ma femme, je lui prépare le petit déjeuner, je me couche en même temps qu'elle... Ce rythme consiste aussi à aller au cinéma, au théâtre, dans des réunions d'amitié, à inviter, à s'adapter au rythme des enfants... Ce n'est pas facile mais il faut y penser ! Et continuer à prendre ses responsabilités, à participer à la vie du ménage : courses, ménage, plantes, chats...*

Nos règles de vie ? Laisser la liberté à chacun, être vigilant sur des règles de vie comme les heures de lever, une hygiène de vie, se trouver du temps à deux pour des choses nouvelles, ne pas envahir les petits-enfants ni vouloir les éduquer. Si les enfants nous le demandent, d'accord, mais ne nous imposons pas à nos enfants. Il importe de garder un espace libre et de pas devenir baby-sitter ! »

Le cap de la retraite est aussi l'opportunité d'entrer dans d'autres plans de la relation sexuelle et de l'amour : **l'harmonie vibratoire**. L'alignement de chacun sur ses polarités masculines et féminines, l'exploration de la voie tantrique dans le respect et l'écoute mutuelle, permettra des échanges plus vastes et cosmiques. C'est le moment de transformer l'idée de la sexualité en véritable rencontre d'âme. Passer de la sexualité à sa raison d'être profonde.

Déculpabiliser les séparations

Le principe du couple réside théoriquement dans la rencontre de l'autre. Mais chacun évolue à un rythme différent, avec une conscience et des expériences différentes. Les séparations peuvent s'inscrire dans un processus de plus grande intégrité avec soi. Quitter l'autre devient alors un acte concret de respect de soi et de respect du choix de non-évolution de l'autre. Quand l'écart se creuse de façon irrémédiable, pourquoi s'obliger à cohabiter douloureusement alors que la dissonance est installée depuis longtemps.

« *La séparation est à déculpabiliser : c'est souvent juste de quitter quelqu'un lorsque l'on est dans un processus d'évolution. Il me semble qu'il faut aller à l'encontre de l'idée courante que c'est mal de divorcer, de se séparer, mais en faire au contraire une zone de réflexion.*

Les couples se font, se défont, se cherchent, mais ils sont authentiques par rapport à eux-mêmes alors que les séparations sont encore trop chargées de culpabilité. Alléger en rendant plus conscient, provoquer la réflexion, permettre que cela se passe dans le respect de l'être, dans l'authenticité, sont quelques voies de réflexion pour le couple ».

Vers un 11 Septembre bis ?

Alors que l'âge et le statut du senior sont le plus souvent considérés et vécus comme un problème, ils deviendront un aboutissement lorsque la relation intérieure à soi sera installée et entretenue.

Vous pourrez alors développer ce à quoi vous croyez, non ce à quoi on vous a dit de vous intéresser !

Pour que ce passage de vie soit orienté sur une réalisation, vécu intensément et joyeusement, et centré quotidiennement vers un mieux-être, il ne tient qu'à vous de renouer avec cette intériorité dont notre société a perdu jusqu'au souvenir.

Le 11 Septembre a eu comme incidence aux États-Unis le développement de testaments spirituels établis par les aînés pour leurs enfants et petits-enfants. Cet engouement provient « *du désir de transmettre plus que de simples richesses matérielles : c'est une façon de léguer aux enfants valeurs et croyances qui leur semblent primordiales et ce que la vie leur a appris. Appelé lettre d'amour, il est un lien spirituel entre générations, parce que ce qu'une personne apprend au cours de sa vie est aussi important que ce qu'elle a gagné dans cette même vie !* » (Source : *Seniorscopie*)

Au regard des activités proposées par les municipalités aux seniors, au regard des savoirs dispensés dans les universités pour le troisième âge, aucun approfondissement de l'intériorité n'est encore fait ou de façon très marginale.

Les approches sont principalement sociales, culturelles, de loisirs dans l'offre municipale, elles restent très classiques, solennelles et liées à un savoir intellectuel dans les universités. Rien qui ne ressemble à la vie et à ses exigences.

J'avance l'hypothèse que nombre de seniors ont cette attente d'intériorité sans oser ni savoir la formuler, face à la myopie des dirigeants et des médias orientés sur l'évènement, le divertissement, la consommation.

Je crois profondément que la sensibilité de chacun - nous tous, chacun de ceux qui composent l'opinion publique - est très en avance sur l'état de conscience des « élites ».

Qu'en serait-il si les masses se mettaient à penser et à se responsabiliser avec plus de pertinence, de sagesse et de vision que ces dernières !

Faudra-t-il attendre un nouveau 11 Septembre dans notre société française pour que la perception de ce lieu intérieur et la possibilité de croissance et de bonheur qu'il nous propose soit entendues ?

À quand la révolution du cœur et de l'être, pour qu'enfin nos vies se réalignent sur la seule direction intérieure, non sur l'allégeance à des modèles extérieurs qui réduisent chacun à ce qu'il n'est pas : un consommateur obéissant, asservi et hypnotisé. Une personnalité agitée, extérieure, factice.

Quand chacun se rendra à son maître intérieur de sagesse et d'amour, les conflits et discordes tomberont d'eux-mêmes, n'ayant plus lieu d'être, car l'harmonie et la paix sont à l'origine de l'humain. Ce qu'il en a expérimenté est une autre histoire - celle qu'il a choisi d'écrire jusqu'à ce jour ! -, mais celle-ci sera bientôt relayée par de nouveaux rebondissements !

Quant à ceux qui persévéreront dans la destruction, ils iront jouer ailleurs, faute de supporters !

QUATRIÈME PARTIE

CONSTRUIRE VOTRE PROJET DE VIE

Depuis quelques années le projet professionnel est à la mode.

Mais rien sur le projet de vie des seniors une fois quittée l'activité professionnelle.

Est-ce dire que pour autant tout doive s'arrêter ? Cet âge offre pourtant l'opportunité de renouer avec le projet d'âme, après une quarantaine d'années passées à l'extérieur de soi, le plus souvent à son insu.

Dans la plupart des cas, l'activité professionnelle n'a pas été choisie en tenant compte des véritables potentialités de chacun. Tout comme nos vies restent archaïques,

principalement centrées sur les besoins, non sur les valeurs, encore moins sur les choix d'accomplissement personnels.

Quels besoins ? Ceux de la survie biologique : travailler pour se protéger, se nourrir, avoir un toit, le payer et l'entretenir, perpétuer l'espèce, consommer… et se divertir. Ainsi, l'économie de survie régit l'essentiel des vies, basée sur la consommation et la loi du marché.

Or l'expression de son talent propre et de sa plus haute motivation est le point vital de chacun, son espace de liberté et de création, son lieu de développement et d'évolution. C'est ce que je nomme projet de vie, projet d'âme ou projet de Soi, aux formes multiples.

Comment le construire à partir du Trésor de l'expérience ?

Comment retrouver ce don spécifique à chacun, négligé ou oublié ?

Comment développer une vision d'avenir, à ce jour absente pour mettre en place ce talent dans la durée ?

Comment faire de son corps le premier partenaire et allié de cette transformation ?

De quelle façon les peurs-écrans verrouillent-elles l'accès à notre véritable identité ?

Lorsque le projet de soi sera fondé sur l'Être, la grande peur - de vieillir, de n'être plus rien, de disparaître, d'être seul…- n'aura plus de raison d'être.

CHAPITRE 9

LA CRÉATION DES POSSIBLES

« L'image de la retraite est pour beaucoup associée à une mort symbolique. Ceux-là ferment le rideau, ne veulent pas voir. Aller vers la retraite, c'est avancer vers l'inconnu, or personne ne nous a préparés à l'inconnu. L'inconnu fait peur alors que c'est la plus grande créativité qui nous contacte, c'est tout ce qu'on reçoit du divin, de la vie. Dans l'inconnu, la vie nous arrive pleinement, alors qu'avant on construisait artificiellement cette vie.

Quand on entre dans cet état de retraité, non seulement on n'est pas au bout du rouleau, mais on change de vie.

Notre génération est favorisée, elle a la chance d'avoir acquis le choix, les moyens, la liberté, à elle de les utiliser au mieux, ce sont de grandes opportunités. » Un senior.

Le tour du rond-point

« La retraite est une porte de sortie. Vous ne sortez pas face à un mur mais devant un rond-point avec des directions qui partent dans tous les sens. On ne doit pas dire aux gens : vous prenez la première à droite ou celle qui est juste en face, mais plutôt : vous allez trouver sur le rond point un certain nombre de pistes, à vous de les identifier et de voir si elles vous conviennent.

Il ne vous est pas interdit de faire une à deux fois le tour du rond-point pour réfléchir et être sûr d'avoir pris la bonne route.

À vous de choisir.

Il faut ensuite faire l'état des possibles et redonner confiance à chacun pour qu'il s'autorise à faire ses choix ».

Les équilibres de la vie active font place à d'autres équilibres aussi essentiels. Leur qualité aura été préparée par la profondeur des remises en question.

Chacun a potentiellement une grande liberté pour construire et choisir sa vie… mais ne le sait pas… ou n'ose pas !

Tout changement est associé à une intériorisation puis à un saut dans l'inconnu. Or, combien se cachent derrière mille prétextes comme le peu de temps, le poids de la vie familiale, les occupations multiples, avant de se retrouver obligés de regarder. Ce sont tous les écrans que nous ne cessons de mettre en paravent devant nos véritables aspirations, comme si nous avions peur. Peur de quoi ? D'oser ? De risquer ? D'être ?

Après l'étape du bilan de vie et des nouvelles fondations, vous voici amenés à tracer des orientations vous permettant de prendre en main votre vie, non de vous en démettre.

Construire le projet de vie, c'est faire le tour du rond-point, en soi et autour de soi.

Projet de vie ?

« On a envie d'autre chose quand on aborde la retraite. On ne sait pas vraiment quoi, mais c'est l'idée d'une ouverture, d'exister vraiment, de vivre ! »

Ce mot de « projet » est en référence avec l'expérience de la vie professionnelle car il est connu de tous. Avec une différence centrale, cette fois-ci le projet part de l'intériorité. Ce n'est pas dire s'installer dans le narcissisme ou l'égocentrisme… c'est tout le contraire. La source est dedans pour ensuite rayonner dans le monde.

Il y a ceux qui se disent : maintenant, que vais-je faire avec moi ? Ils n'ont pas de réponses car pas de repères pour avancer dans la voie d'intériorité.

Beaucoup se refusent à aborder cette question d'eux-mêmes. Ils ont peur et se détournent de cette peur en se plongeant dans les préoccupations matérielles.

Certains penseront : pourquoi s'imposer à nouveau stress et contraintes avec un projet alors que le privilège de la retraite est la liberté de soi !

D'autres s'inquièteront : et une fois le but atteint, qu'est-ce que je fais ? Je me fixe un autre but ou j'arrête !

Le projet de vie met en route cet « autre chose » indéfinissable mais bien présent ! Il est principalement **une démarche de conscience à partir de sa propre expérience, et en tant que tel est accessible à chacun.**

Il peut être rassurant lorsque l'on ne sait par quel bout prendre sa vie mais que l'on veut toutefois avancer. La question du projet met alors en lumière un **processus créatif interne** qui ne demande qu'à être activé. Ensuite les formes qu'il prendra appartiennent à chacun.

Comment serez-vous sûr d'être sur votre propre chemin ? Quand votre façon de voir, de vivre, d'être sera légère, vivante et heureuse et que votre environnement vous reflètera cette transformation.

Un projet de vie n'est rien de plus qu'un sens, une méthode et un outil pour **vivre plus en conscience**, pour accéder à de nouvelles expériences, pour exercer de nouveaux ou d'anciens talents, pour renforcer la conviction de soi lorsqu'on l'a perdue, pour vivre et accueillir la grande vie, celle qui accroît, dilate, expanse.

« Pour moi, ***c'est la vie qui est au centre****. Ce n'est pas toi qui crées la vie, ce n'est pas toi qui crées le projet, c'est la vie qui te donne le projet. C'est comme le don, ce n'est pas toi qui le crées, tu le reçois. D'abord, tu reçois la vie et à partir de là tu peux construire ton projet en fonction de ce qu'elle te donne comme outils. Cela ne veut pas dire qu'il suffit d'attendre, c'est à toi à faire les premiers pas, le projet te donne une démarche et une ouverture pour avancer vers quelque chose. Le projet est important pour évoluer, mais pour moi, la première cause c'est la vie. »*

Dans la mise en œuvre de ce projet, beaucoup trouveront de « grands » mots qui les effrayent : Création, Imagination, Vision, Talent, Don, Corps, Vivre, Valeurs...

De grands mots qui ne figurent plus depuis longtemps au quotidien alors qu'ils en sont les fondations, les briques et la charpente. Ces mots sont aussi anciens que l'humanité et ils sont puissants. Une puissance qui dort sous la braise car notre société les a anesthésiés en même temps que nous. Appelons cela le **coma terrestre**, qui n'est autre que l'état de conscience ordinaire, ou mode pilotage automatique comme notre corps le fait si bien (respirer, dormir, se déplacer).

Dominantes d'expressions et projets de vie

Il n'y a pas un projet de vie mais une infinité, autant que d'individus. Comme il y a autant de façons différentes de conduire sa retraite.

Ne cédons pas à la tentation française d'enfermer un individu dans une seule typologie. En tant qu'humains globaux, nous développons des expressions différentes de l'être selon les situations, les moments de la vie, les interlocuteurs, les événements…

Créer, imaginer, transformer, apprendre, contempler, se reposer, agir, organiser, mettre en œuvre… toutes ces facettes sont dans la vie de chacun : l'humain intégral !

Nos outils de base ou les différentes formes d'intelligence

Nous disposons, pour exercer nos talents de créateur, d'outils qu'il est temps de redécouvrir. Rappelons simplement les modes de ce que nous nommons intelligence.

Les trois premiers ci-dessous sont acquis. L'intelligence émotionnelle est en cours d'acquisition car c'est toute l'expérience humaine sur cette planète. Les trois derniers, étouffés depuis la voie rationaliste des Lumières, sont en voie de percer à nouveau à la conscience !

L'intelligence instinctive, capitale pour notre survie, permet d'avoir le bon réflexe au bon moment.

L'intelligence d'observation prend appui sur les faits et donne une lecture concrète et orientée sur l'action.

Mentionnons **l'intelligence mentale**, qui n'est qu'un outil au service d'une plus grande qualité de vie, alors que les siècles passés - jusqu'à aujourd'hui - en ont fait une fin en soi, orientant ainsi dramatiquement ce qu'est devenu l'enseignement dans ses limitations. Ce mode d'intelligence utilise exclusivement les fonctionnalités du cerveau gauche.

On redécouvre aujourd'hui **l'intelligence émotionnelle**, vedette des nouveaux quotients d'évaluation des candidats, après le QI. Juste retour des choses après qu'elle a été tenue en ignorance et ostracisme durant des siècles. Ressentir des émotions (cerveau droit !), éprouver des sentiments, était longtemps « mal vu » ou assimilé à la sensiblerie féminine selon la vision dominante, linéaire et logique du seul cerveau gauche. Ce qui n'empêchait personne de se shooter à l'adrénaline des films d'horreur ou de se complaire dans des feuilletons romantico-dramatiques façon *Harlequin*, uniquement pour se nourrir - mal c'est-à-dire en déséquilibre - de la dose d'émotion nécessaire. J'appellerai cet ersatz d'émotions la *junk-food* du cœur, par analogie avec le plan physique !

Plus largement, **l'intelligence du cœur** est la voie royale de l'éveil, à soi, à la fraternité, à l'humanité, à la planète, à l'univers. C'est le principal passage que l'humanité a à faire aujourd'hui.

Que dire de **l'intelligence intuitive** - accompagnée fréquemment de synchronicités, de perceptions extrasensorielles, de visions… - qui met en contact instantané et imprévisible avec une vérité, une idée (c'est souvent le cas des inventions dites géniales directement inspirées par voie intuitive et reçues d'autres plans). Elle semble reliée au mystérieux cerveau droit.

Dans son prolongement, l'intelligence spirituelle met en contact avec des plans psychiques invisibles à l'œil nu, au microscope électronique et aux interprétations scientifiques ! Ce n'est pas parce qu'elle échappe à la traque des scientifiques qu'elle n'existe pas. Pourtant l'heure est encore à la censure, **démonstration parfaite d'inintelligence fondée sur la peur et l'ignorance**.

Quel pouvoir est donc contenu dans cette intelligence spirituelle pour qu'elle soit à ce point niée et diabolisée ?

Récemment, le scientifique américain Melvin Morse identifiait le « point de Dieu » comme étant la zone cérébrale associée à l'expérimentation des états mystiques - *La Divine Connexion*, le Jardin des livres, 2003.

Cette forme d'intelligence ouvre à la perception de l'unité, de l'universalité, d'une intelligence et d'un amour infini assurant la cohésion intérieure. Elle unit le cœur et la conscience dans une ouverture et une fusion au divin, à ce qui Est, dans un état de joie et d'illumination.

Je lui associerai **l'intelligence cosmique** qui est l'une des composantes de l'intelligence spirituelle. **Chaque terrien baigne dans cette dimension cosmo-galactique et est inscrit dans des champs de force et de conscience universels** qui dépassent infiniment ses plans de perception et de compréhension immédiats et actuels.

L'illustration par les *chakras* ou centres énergétiques permettra de mieux comprendre ce mode de fonctionnement. Notre société occidentale vit pour l'instant pratiquement uniquement sur les trois *chakras* inférieurs : le *chakra* sexuel qui associe le sexe et l'argent - regardez simplement les visuels et titres des magazines d'un kiosque : sexe, séduction et finance, ou les séries de télé-réalité -, le *chakra* de la reproduction et le plexus solaire ou *chakra* du pouvoir - le plus souvent exercé sur l'autre !

Dominer, écraser, tirer profit sexuellement, émotionnellement ou financièrement de l'autre, en abuser, le critiquer, le détruire, sont les fondamentaux de ce mode primaire, tant qu'il n'est pas aligné sur les *chakras* supérieurs, le cœur et la conscience.

L'étape évolutive que le monde actuel a à vivre aujourd'hui passe par l'ouverture du cœur et de la conscience à des réalités plus vastes que les plans de l'ego.

Le domaine instinctuel et émotionnel archaïque qui domine encore la plupart des vies (haines, conflits, règlements de comptes, abus de toute nature, violences, à l'échelle individuelle et planétaire) est à réaligner sur les deux centres supérieurs de l'amour et de la conscience.

Un projet personnel basé uniquement sur le mode primaire des trois premiers centres énergétiques ne sera ni durable ni satisfaisant à terme… *« épater la galerie... s'en mettre plein les poches... nuire à un proche... »*

Ce que je nomme projet de vie - ou sens, direction d'être- met en jeu trois niveaux de l'être :

• Le projet qui motive inconditionnellement est naturellement émané des buts supérieurs de l'âme.
• Il est animé et mis en mouvement par la puissance motrice du cœur, des sentiments et émotions.
• Il s'exprime par le réservoir illimité de créativité, d'imagination, d'inspiration qui est en chacun.

Les *chakras* inférieurs dont l'apprentissage est multimillénaire sont là pour ancrer, enraciner, concrétiser le projet. Ils sont indispensables et leur utilité est là. C'est simplement leur orientation qui est faussée depuis longtemps, faute de maître autre que le plaisir pour le plaisir, la sensation extrême, la jouissance éphémère et destructrice.

Selon la dominante d'intelligence qui est la vôtre - pratique, mentale, émotionnelle, relationnelle, spirituelle…-, l'orientation de votre projet différera.

Les dominantes ci-dessous sont un outil méthodologique pour clarifier vos envies et aspirations et savoir à quel niveau elles se situent. Elles vous permettront de développer plus consciemment des projets en concordance intime avec votre être.

Priorité à l'humain : le lien et le service

■ ***Le médiateur***

Nous sommes d'abord des êtres de relation. Rien d'étonnant si l'échange est central pour la plupart des quinquas et seniors interrogés.

Les projets de vie ayant trait à la communication expriment des personnalités particulièrement à l'aise dans la relation, l'écoute, la transmission d'une information, d'un savoir, d'une expérience.

Parfaits médiateurs, ces seniors ont un profil associatif, humanitaire, thérapeutique.

Excellents conseillers, bons formateurs, ils font du développement, de la croissance, de la motivation, de l'harmonie leurs priorités.

Aptes à travailler en équipe, ils privilégient la qualité de la relation, et leurs propositions prennent en compte l'humain.

■ ***L'altruiste***

Lors des grands drames humanitaires, la mobilisation émotionnelle et financière du public est souvent très large. Ce constat maintes fois confirmé sous-entend que l'aide, le service, le réconfort sont encodés dans notre programme d'humain.

Pour certains, plus engagés dans cette dimension, ce pourra être la base d'un projet de vie consacré à une cause, un idéal, un objectif humanitaire.

Cette notion de service est également indissociable d'une valeur souvent oubliée : l'espérance, la confiance en un mieux toujours possible.

Priorité à la création : la vision

■ ***Le créateur***

Nous sommes tous des créateurs et des explorateurs d'idées, de concepts, de formes. C'est, avec les deux points précédents, l'un des traits majeurs des humains.

Créer, imaginer, innover, inventer, découvrir… le créateur est par nature un insatisfait de l'ordre existant, un intuitif puissant qui sait se faire antenne pour capter d'autres plans d'informations encore inaccessibles au plus grand nombre, et un idéaliste invétéré.

Quel créateur ne rêve pas d'un monde différent, plus beau, plus harmonieux. Lequel ne l'anticipe pas pour en donner une vision à venir.

Le vrai créateur s'inscrit dans un processus d'évolution qui fait que nos vies, la planète, l'univers sont en constante transformation. Il a une aptitude particulière à recombiner, recomposer les éléments existants pour faire exister d'autres formes, de nouvelles matières, des configurations inédites, des organisations autres. Il est un expérimentateur.

Qu'il s'agisse de créations tangibles comme la peinture, la déco, un jardin, ou abstraites comme la mise en lien des lecteurs d'un magazine, les seniors qui se sentent l'âme d'un créateur ont de merveilleuses opportunités de développer leur créativité.

■ ***L'inventeur***

Certains sont plus aptes à des créations d'ordre constructif plutôt que plastique. On y trouve ces inventeurs et bricoleurs de génie qui améliorent le quotidien de leur maison ou de la société.

Toute une population de seniors ayant une disposition à innover, fabriquer, concevoir, trouver des solutions concrètes et pratiques se retrouvera là.

Fabriquer un meuble, construire une maison, modifier un dispositif d'éclairage, développer un système d'organisation pour une association, concevoir un logiciel adapté à la problématique du moment… apportent un fort degré de satisfaction à des personnes qui combinent astucieusement cerveau gauche rationnel et cerveau droit intuitif.

Dotés d'un grand sens pratique et d'une bonne perspicacité, ces seniors habiles et adaptables feront merveille et pourront rentabiliser des services souvent très utiles à la collectivité.

Priorité au système : les protocoles

■ ***Le gestionnaire***

Il faut de tout pour faire un monde. S'il n'y avait que des créateurs inspirés, la vie serait un perpétuel chantier (ce qu'elle est déjà par essence !). Le créateur appelle l'homme de méthode pour contrôler, évaluer, vérifier, gérer, poser des cadres, édicter des lois, rentabiliser. Ce talent est indispensable à la réussite de tout projet car il permet d'éviter de nombreuses erreurs.

Avec le gestionnaire, justesse et fermeté, organisation et contrôle, logique et rigueur : les objectifs sont clairs, les délais respectés, le sens du concret rassurant.

Souvent perfectionniste, intègre, responsable, plus proche de l'application de la loi, de la règle, il est moins à l'aise avec le matériau humain et sa volatilité insaisissable !

Priorité au pouvoir : l'autorité

■ *Le leader*

Toute organisation, toute structure humaine, tout clan, toute tribu, a son leader.

Entreprendre, décider, animer une équipe, exercer sa volonté au profit du bien collectif sont un précieux talent, à condition que l'abus de pouvoir et qu'une ambition démesurée ne fassent basculer ce don en domination et en prise de contrôle.

Les seniors qui durant leur vie active ont développé ces qualités d'encadrement, de bonne utilisation et de valorisation des compétences, de coordination, dynamisation et coaching, pourront les faire fructifier de façon plus désintéressée mais aussi efficace.

La société a besoin de leaders, d'êtres d'action et d'initiative ayant le goût du défi, capables de servir une cause, un idéal, un projet et d'en être le moteur.

Ceux qui en ont toujours rêvé mais n'ont jamais osé pourront s'y exercer à une échelle qui leur corresponde.

Parmi les différents styles de leaders, laissons de côté l'autorité hiérarchique traditionnelle fondée sur l'obéissance. Après quarante ans de soumission à des modèles pyramidaux et bureaucratiques, il n'est plus l'heure de poursuivre l'expérience pour des seniors justement épris de liberté.

Retenons ici l'autorité souple et informelle qui n'impose pas, l'autorité de compétence capable de développer une vision d'ensemble, ou une autorité de persuasion fondée sur des objectifs partagés et sur la croissance individuelle et collective.

Priorité à la connaissance : La sagesse

■ *Le Quêteur*

Comme cet héritage de créativité, de service et d'amour, l'humanité porte en elle un insatiable besoin de connaissance. Connaître, comprendre, explorer les mystères, dépasser les limites du connu sont inscrits dans une génétique spirituelle, ou dans une partie encore inaccessible de notre code génétique - sans doute les 90 % de notre ADN que les scientifiques considèrent aujourd'hui comme « poubelle », par pure ignorance et incapacité de décryptage !

Constatons simplement que l'éternelle curiosité pour la connaissance meut les humains depuis le début de l'expérience terrestre.

Certains excellent plus que d'autres dans ce domaine.

Quinquas et seniors qui s'y reconnaissent pourront avec bonheur, construire leur projet de vie autour de cette quête. Ils y emploieront leurs talents policiers pour reconstituer l'intrigue des mystères éternels. De quoi occuper des décennies sans ressentir le poids de l'âge.

■ ***Le sage***

Il a sa place principalement chez les retraités.

Le senior qui n'est plus pris dans la tourmente et l'agitation du monde a soudain un espace intérieur qui se libère. Cet espace de tous les possibles est une source vers laquelle beaucoup se tournent.

Qu'on la nomme sagesse, clarté, petite voix, conscience, spiritualité, maître intérieur, cette source peut alors reprendre une place plus juste dans la vie quotidienne.

Les plus contemplatifs qui aiment vivre avec eux-mêmes en questionnant quotidiennement l'être intérieur, dégusteront cette possibilité infinie de dialogue avec le mystère du dedans. Il ouvre la porte de la connaissance extérieure.

Un peu de tout

Un projet de vie peut s'articuler sur un ou plusieurs de ces modes d'expression. Il peut les combiner.

Car notre particularité d'humain est d'être chacun un agrégat de ces talents, avec des dispositions nettes pour certains et des insuffisances notoires pour d'autres !

Pourquoi l'inventeur ne serait-il pas contemplatif et idéaliste ?

Pourquoi le chercheur ne serait-il pas créateur et altruiste ?

Toutes les combinaisons sont possibles et c'est bien l'un des jeux que permet le projet de soi.

Un jeu encore difficilement accessible dans la vie active !

Alors, seniors, profitez de vos talents, explorez-les, vivez-les… et échangez-les pour que tous y participent et en retirent bienfait.

La construction de votre projet de vie va se dérouler en quatre étapes : le trésor de l'expérience, la vision d'avenir, le talent/don et le temple de vie qu'est le corps.

Une fois retrouvé votre trésor, votre rêve, votre don, le projet de vie n'aura pas de fin. Il se confondra avec la vie.

Commençons par dégager le trésor de l'expérience acquise durant la vie active.

On parle de la retraite comme d'une fin, or ce temps est la période la plus riche, celle où l'on peut recueillir les fruits de l'expérience pour en faire quelque chose de merveilleux et d'inédit comme cette senior de 61 ans actuellement en CDI. « *Je vais dans la retraite réinvestir tout ce que j'ai acquis professionnellement et artistiquement dans ma vie pour ensuite le donner aux enfants. Je mettrai mon capital propre d'expérience, je réinvestirai tout ce que j'ai glané, compris, intégré.* »

CHAPITRE 10

LE TRÉSOR
OU LA VRAIE VALEUR
DE L'EXPÉRIENCE

Les acquis des expériences professionnelles et de vie constituent un véritable trésor, à condition de le découvrir, de lui accorder une valeur et de savoir le mettre en application dans la vie. Une fois identifié, ce capital d'expérience pourra être réinvesti sur de nouveaux projets. Avec pour bénéfice de renforcer l'estime de soi.

La retraite est un temps de synthèse des apprentissages professionnels et personnels. Chaque expérience de vie et de métier a permis de développer des aptitudes, des qualités, des émotions, des modes de fonctionnement spécifiques.

En prendre conscience, les reconnaître, les formuler, aide à les appliquer à ce nouvel épisode de vie avec plus de discernement. Le renforcement de l'estime de soi qu'ils amènent est indispensable à la construction du projet de vie.

Pour chacun, le trésor sera autant dans les expériences majeures traversées que dans la façon de les vivre, de les interpréter, de les ressentir. Les expériences ayant contribué à une réalisation personnelle et celles qui ont permis de choisir ce dont on ne veut plus sont également importantes.

Les acquis de la vie professionnelle ne suffisent pas et doivent s'élargir à « la vie tout court », car tout est porteur de sens.

Quels sont donc les principaux enseignements de l'expérience utiles pour aborder cette nouvelle étape et pour se préparer au projet de vie

Les enseignements de la vie

Le capital d'expérience des seniors fait référence aux différentes sphères de l'expérience humaine : l'activité exercée avec ses aspects organisationnels, décisionnels, relationnels et psychologiques, mais aussi l'apprentissage de la connaissance, l'acquisition de valeurs…

L'expérience professionnelle conduit à la **maturité**, une maturité dont les visages sont aussi différents que les situations expérimentées : explorer toutes les facettes d'un métier, développer le goût de vaincre difficultés et obstacles, permettre à ses potentiels de se manifester, s'entraîner à une perception des situations concrètes, acquérir rigueur et sens de l'organisation, améliorer son efficacité, se fixer des objectifs, exercer sa curiosité…

Tout métier oblige à évoluer dans sa pratique, les solutions envisagées, la meilleure façon d'atteindre des objectifs, la créativité…

Le bénéfice du changement se traduit par plus de souplesse et de capacité adaptative.

L'obtention d'un statut et d'une situation matérielle est naturellement un effet dérivé de l'exercice d'un métier, mais l'objectif réel est autre : le bonheur de s'expérimenter comme créateur, la joie d'être utile.

La **dimension relationnelle** et particulièrement l'aptitude à connaître l'autre, à communiquer et travailler avec l'autre, sont un autre acquis de poids. L'entreprise est une tribu passionnante, un système complexe de relations, de conflits, de pouvoir, d'amour, d'amitié.

L'esprit d'équipe, le sens des contacts, l'ouverture à l'autre et à sa diversité, la richesse des rencontres, l'apprentissage de la subtilité des relations humaines, savoir collaborer, faire confiance… sont des expériences essentielles dans l'exercice d'un métier…

Autre trésor, **l'épanouissement personnel**. Le bonheur d'une activité s'appuie sur la présence de nombreux paramètres dont la reconnaissance et la pleine réalisation de soi. Cette satisfaction qualitative de l'être aide à mieux se connaître.

L'un des acquis d'une activité est naturellement **l'exercice de la pensée**, pensée analytique et synthétique, pensée créative abstraite ou appliquée, pensée stratégique. Cet exercice est une porte d'entrée sur la connaissance, stimule le désir d'apprendre, attise la **curiosité**, l'envie de mieux l'utiliser pour comprendre le monde et la vie.

Au-delà des aspects organisationnels, créatifs, opérationnels ou psychologiques, toute activité permet de développer des qualités et valeurs comme l'humilité, la tolérance, la persévérance, la capacité de recul et de mise à distance, une meilleure capacité de vivre l'instant présent, l'autonomie émotionnelle… Elles sont la conséquence d'un constant travail de l'être dans son interaction avec la vie.

Cela se fait le plus souvent à notre insu… jusqu'au jour où l'on cueille les fleurs de la sagesse et où l'on s'aperçoit que l'on a franchi bien des portes.

Le poids des obligations passées amène aussi à savoir apprécier **l'or du temps libre**. La vie professionnelle était pleine d'obligations pesantes. Celles-ci donnent la mesure de la réelle valeur du temps libre, et amènent à en apprécier l'inestimable présent.

Trésor suprême : choisir ce dont on ne veut plus

Après avoir identifié les acquis, la deuxième question à se poser est : « De quoi ne veut-on plus ? » En effet, toute expérience aide à définir ce que l'on aime et ce qui ne convient pas.

Sans être surprenantes, les réponses des seniors confirment que l'humain vit constamment des situations inappropriées à sa vraie nature. À nouveau, ne nous étonnons pas de l'état de crise déclarée que nous traversons, individuel et collectif.

Tout ce qui relève de l'obligation, de l'imposé, du non choisi correspond à un référentiel de plus en plus remis en question.

Subir, c'est faire un mauvais usage des ressources humaines, gaspiller l'énergie déployée pour arriver à un résultat partiel.

Qui s'étonnera de l'absentéisme, des accidents du travail, du gouffre de la Sécurité sociale, de l'insatisfaction profonde, au vu de telles perceptions.

Chercher le mal à la racine, c'est refuser des modèles de vie aberrants qui tuent la vie (anti-biotiques !) et en tirer les conséquences.

Au menu des pathologies quotidiennes dont on ne veut plus : le stress et les nombreuses contraintes. Celles-ci s'organisent ainsi :

• Les contraintes matérielles et organisationnelles telles que les rythmes et charges de travail excessives, les contraintes d'horaires, de trajets et transports quotidiens, les encombrements…

• Les pressions administratives avec leurs règles, procédures et obligations usantes, souvent enveloppées de démagogie, voire de « connerie » comme le rappellent certains seniors nostalgiques de 68 !

• Le stress entretenu par une société de performance, intensifié depuis les 35 heures. Beaucoup le vivent comme l'angoisse de ne pas réussir, de ne pas terminer ses tâches, de les accomplir imparfaitement ou sous pression.

• Sans oublier l'hyperstress spécifique à certains métiers comme le milieu hospitalier confronté quotidiennement à l'urgence, la douleur, la mort, celui des pompiers ou d'autres métiers urgentistes, celui des prisons.

• Plus stressantes encore sont les pressions psychologiques, relationnelles, avec le poids des dépendances hiérarchiques et une finalité orientée uniquement vers le profit de l'entreprise.

Supporter l'attitude de certains collègues, l'absence d'affinités et de centres d'intérêt communs, subir l'emprise monarchique d'une hiérarchie pyramidale et rigide… dont on a été parfois l'un des maillons…

Le lecteur se référera aux ouvrages et émissions traitant du harcèlement moral, réalité insidieuse destructrice et difficilement cernable.

Le plus souvent, il en résulte l'impression générale **de subir, de ne pas être maître de son jeu, de vivre dans un référentiel inapproprié et d'être impliqué malgré soi dans la névrose collective**.

Qui s'étonnera qu'un nombre croissant de quinquas et de seniors ne veuillent plus faire d'efforts pour ce qui leur paraît avoir de moins en moins d'importance.

Qui s'étonnera que des artisans créateurs soient épuisés de créer, dans le souci constant d'avoir à en vivre, ou plutôt en survivre…

Le cahier des doléances n'est pas un mince feuillet mais une **encyclopédie du quotidien** qu'aucun gouvernement de gauche ni de droite n'a voulu ni su aborder dans sa globalité et ses interactions.

Pourquoi ? Parce qu'ils n'en ont toujours pas compris l'**origine** !

Comment ? En partant pour la première fois de l'être, non de la matière ! En partant de la source claire et légère, non du delta boueux et engorgé de l'arrivée !

Des conséquences criantes

« Pas de temps pour la vie familiale et l'absence de tout espace de liberté personnelle » résument les pressions continues de la vie professionnelle.

L'épanouissement personnel et l'être intérieur sont bien les victimes d'un système de société parfaitement inadapté à l'humain… Ce que chacun sait sans oser le dire ni prendre le risque de le changer.

Voilà pourquoi les activités et expériences souhaitées par les quinquas ou développées par les seniors diffèrent tant de la vision réductrice professionnelle.

Elles se répartissent équitablement entre les besoins du corps et de l'esprit, des modes de communication et d'attention à soi et à l'autre fort différents de ceux encouragés lors de la vie active.

Cette communication privilégie l'écoute, la disponibilité, la relation d'aide tandis que la découverte de ses propres rythmes conduit à une intériorisation progressive pour une plus grande justesse de ses choix.

Où est la vérité ? Dans le monde inversé et ses impasses insolubles ou dans des aspirations collectives trop longtemps ignorées et bâillonnées ?

Le scénario quotidien de frustrations et d'oppressions insupportables est une partie de la réponse.

Changer cela est votre choix, quinquas et seniors. Ce peut aussi être un devoir d'intérêt social. Pour vous d'abord, et à travers votre exemple pour la collectivité.

CHAPITRE 11

DU GRAND RÊVE À LA VISION D'AVENIR

Évoquer des rêves d'adolescence ou des envies présentes, c'est remettre en circulation des désirs, des aspirations oubliées. C'est activer une créativité le plus souvent inutilisée.

Rêver développe le ressenti, l'inspiration, l'intuition, stimule sensations et images intérieures. L'étape suivante est de concrétiser son rêve.

Seniors souvenez-vous de votre rêve de junior !

Aux deux extrémités, juniors et seniors sont au plus près de leurs rêves… et de leur vérité.

Dans le cadre de l'orientation professionnelle, les jeunes de 15-20 ans sont invités à définir leurs envies et passions.

Rares sont ceux qui en ont une idée claire, aussi rares ceux qui ont la chance de suivre la filière de leurs rêves. Encore faut-il que ce rêve soit **leur** et non déterminé par l'environnement familial ou les modes de la société.

Quelques décennies plus tard, les seniors sont invités à débusquer leurs rêves d'adolescent et à repartir, pour certains, vers une nouvelle vie.

Explorer les rêves des seniors, c'est prendre un coup de jeune et de nostalgie en visionnant le film de ce que l'on aurait aimé faire et vivre, si la vie matérielle, professionnelle, familiale n'en avait décidé autrement.

Puisque tout est inversé pour l'instant, peut-on espérer que, **par l'exemple, les seniors permettront aux nouvelles générations de vivre plus en conformité avec leurs aspirations profondes ?...**

Le projet de vie pourra alors être posé dès le début de la vie sans être désolidarisé du projet professionnel comme il l'est la plupart du temps.

Nous avons tous expérimenté des réponses de survie qui conduisent à vivre des métiers inadéquats. **Mais il arrive trop souvent que la survie se prolonge toute la vie.** Quel gâchis de merveilleux potentiels restés en friche.

Le rêve originel, ébauche du projet d'âme

Les rêves d'adulte ont souvent leur origine dans les passions, aspirations et désirs d'enfance, lorsque l'on est au plus près de sa vérité d'être. Un flash-back sur les premiers rêves d'une époque où tout semblait possible aidera à recontacter une envie et parfois une vocation initiale.

Certains viennent au monde avec une vocation indéracinable : selon le caractère, l'environnement familial, le milieu dans lequel ils naissent, ils réaliseront plus ou moins rapidement cette vocation mais ils s'y accrocheront.

D'autres plus indécis ont des rêves comme tout le monde… mais doutent, n'y croient pas, les pensent illusoires, **juste des rêves à rêver non à vivre**. Le plus souvent, l'environnement familial dissuade, encourageant à « faire carrière », à avoir une situation, fonder une famille. Et le rêve s'égare dans les salles sans fin des objets perdus.

Là est l'erreur car aucun rêve n'est là par hasard. La meilleure preuve en est la vie qui représentera en boucle, à plusieurs reprises, des opportunités et des marchepieds pour prendre le train de son rêve.

Or, personne n'a appris à déchiffrer les signes, la plupart ne veulent pas les voir, leur ignorance les conduisant à mettre des superstitions là où il n'y a que le grand jeu de création de la vie et un niveau plus élevé de compréhension intuitive.

Certains plus chanceux ou plus courageux sauront saisir la deuxième chance et monteront à bord de Leur train. D'autres ne changeront pas de wagon et garderont la sensation diffuse d'être passés à côté de quelque chose sans savoir quoi.

• Que sont devenus ces rêves d'origine ?

• Quelle cohérence et lien ont-ils avec ce que l'on est aujourd'hui ?

• Qu'est-ce qui a empêché leur réalisation ?

• Quelle vision d'avenir se donner, à partir d'aujourd'hui, en l'étayant sur ces rêves ?

Voici l'heure pour quinquas et seniors de mettre acquis et trésors au service des « vieux jeunes » rêves inexplorés.

Un livret de *self-coaching* en fin de livre aidera le lecteur à développer le protocole de questionnement et à partir à la recherche de son rêve originel.

Avec le rêve, la vision

Vous avez terminé votre bilan de vie, identifié votre trésor, dépoussiéré et réactualisé vos rêves. Voici qu'émerge une intention, un germe que vous allez porter à l'existence par une vision d'avenir.

Cette vision est maintenant votre objectif prioritaire.

Il ne suffit pas de planter la graine pour qu'une plante pousse. Selon la qualité de la terre, de l'exposition au soleil, de la luminosité, de l'eau, des soins, elle végétera ou se déploiera.

Il en est de même pour votre projet de vie qui prendra la forme de votre rêve si le terrain est préparé avec soin.

Vous êtes le seul maître du terrain, jour après jour.

Mais ce terrain, vous le connaissez mal, vous ignorez où il commence, où il s'arrête.

Une vision d'avenir aide à être de plus en plus près de soi-même, de ce que l'on aime, ce que l'on sent… Elle engage dans le chemin d'intériorité et contribue à se familiariser avec les vingt, trente, quarante années qui sont devant. « *Je pense que ce temps-là ne doit pas être envisagé de façon négative en se disant que c'est la fin de la vie. C'est un temps de plénitude où l'on peut à la fois s'occuper de soi et s'occuper des autres.* »

Pas de vision sans lâcher-prise comme ce senior qui a tout compris des lois cosmiques. « *Ma vision d'avenir : je voudrais ouvrir un centre d'activités dans la Creuse, la vie m'a donné un corps de ferme. Dernièrement, la continuité du corps de ferme s'est mise en vente. Les bâtiments se sont ouverts pièce par pièce, espace par espace, et petit à petit je prends position. J'ai ce projet mais je ne sais pas s'il pourra se réaliser, je fais ce qu'il faut pour avancer. Je garde la foi par des indices que me donne la nature de ce lieu. Mais il faut que je trouve 1,5 million de francs pour le retaper... ou des solutions créatives, innovantes, avec un montage différent que je ne connais pas encore.*

Je n'ai pas de stratégie. ***La stratégie se construit avec l'ego, pour un chemin de vie, plus besoin de stratégie !*** »

Être dans la continuité de soi, la vraie exigence

Vous vous êtes réapproprié votre Trésor d'expérience.

Vous êtes parti dans le passé sur les traces de vos rêves et passions.

Vous avez retrouvé des désirs et des aspirations oubliés.

Vous comprenez leur cohérence avec ce que vous êtes devenu.

La séparation souvent tranchée entre vie active et vie professionnelle est un faux débat : nous passons notre vie à réinvestir ce que nous sommes, talents, passions, combativité, intelligence, affect, dans des activités différentes.

Du projet professionnel au projet de vie, **le fil directeur reste SOI**, ce que l'on est profondément, enrichi des expériences de la vie.

« *Il n'y a pas de rupture avec l'activité professionnelle, le secret c'est soi, la retraite est un prolongement, c'est la fidélité à soi en trouvant d'autres formes d'expression.* »

Voyage vers le futur

Entretenir une vision d'avenir et définir son projet de vie n'est pas, comme certains le redoutent, reproduire le modèle de performance, d'objectifs et de résultats développé dans la vie active.

Il n'est pas question de se mettre la pression par un cahier des charges rigide et ambitieux.

Il s'agit plutôt de privilégier le cerveau droit intuitif et holistique et d'appréhender, par les voies du ressenti et de l'inspiration, les informations - ou messages - de cette partie de nous qui sait et est déjà tout.

Ce tour operator par le futur vous fera contacter une autre dimension de l'être et nécessairement de votre projet.

La vision d'avenir est une projection dans le plan des réalisations virtuellement accomplies. En ramener des intuitions, des évidences soudaines, des inspirations conduira pas à pas vers la forme aboutie.

Allons plus loin dans cette révolution.

Notre société se complaît dans une approche linéaire principalement orientée sur le passé. Comment s'étonner que se reproduisent, de décennie en décennie les mêmes erreurs, les mêmes incuries !

Les prospectivistes se satisfont le plus souvent d'étudier, de façon très cartésienne et mentale, des scénarios projectifs étayés sur le présent. Celui-ci n'étant que la stricte reprise du passé, le serpent se mord la queue !

La démarche de Vision est autre et suppose un lâcher du cerveau gauche !

On peut imaginer que des visionnaires comme Léonard de Vinci, Galilée, Kepler, Jules Verne, Einstein et bien d'autres aient utilisé cette méthode - vraisemblablement consciemment pour certains -, allant lire quelque part dans les mémoires akkashiques de l'univers les images d'un lointain futur.

En les ramenant vers le présent, ils ont donné à l'humanité une toute autre impulsion et orientation.

Les scénaristes de films contemporains comme la série des *Star Treck, Minority Report, L'Effet Papillon* et tant d'autres, y excellent. Ajoutons que certains d'entre eux ont été largement accompagnés dans leurs créations par les voies/voix du channeling !

L'utopie d'aujourd'hui est la réalité de demain.

Si les anticipations de Léonard de Vinci, Jules Verne ou Méliès sont aujourd'hui partiellement accomplies, **il en**

sera de même des fictions contemporaines. Se rendre dans le futur pour interagir sur le présent et modifier le passé est déjà possible dans le champ de la physique quantique. Nous vivons dans une réalité dont nous percevons si peu de ce qui est vraiment.

Le germe contient en puissance l'arbre déployé dans sa magnificence. Le fœtus contient le germe de l'adulte et de ses potentialités.

Se projeter dans le futur fait appel à deux notions en apparence seulement contradictoires :

Celle d'explorer un espace-temps encore incréé à notre perception… un espace-temps qui pourtant, contient la représentation parfaite et aboutie de l'arbre, de l'adulte, du projet...

Appelons cet espace-temps la source du « tout accompli ».

En vous imprégnant de cette prescience du futur, vous en ramènerez une empreinte dans le présent, l'essence de votre rêve.

Cette empreinte s'exprime par le biais de sensations, de perceptions, d'images qui même floues mettent en mouvement l'envie, le désir, le projet encore indéfini.

Voyager dans son futur contribue à ramener des éléments innovants, bien différents des répétitions sans issue, désastreuses et linéaires qui se rejouent en permanence.

La confirmation scientifique récente de l'existence d'un champ psychique de l'humanité laisse entendre, comme l'annonçait Jung voici près d'un siècle, que l'inconscient collectif nous rassemble dans une vibration commune.

« Avec ses 75 machines Egg installées dans les capitales planétaires et reliées à l'ordinateur central du laboratoire de Princeton, le « Global Consciousness Project » restitue l'électroencéphalogramme de ce qui pourrait bien être la préfiguration du champ de conscience humain ». (« Nous sommes tous reliés », article de Erik Pigani dans *Psychologies*, décembre 2002).

Ce réseau de mesures est capable d'évaluer, voire d'anticiper l'impact d'un événement de portée internationale sur la conscience collective. Ce fut le cas pour la mort de Lady Di ou le 11 Septembre, la détection de l'événement ayant été « pressentie » par ce réseau la veille de l'événement.

La réalité ondulatoire dans laquelle nous baignons met chaque être - c'est-à dire tout le vivant qu'est notre univers - en relation avec des plans de conscience qui seront les explorations du siècle et plus largement du millénaire.

De l'inconscient à la supraconscience : votre projet « sur mesure »

Le XXe siècle a été celui de l'inconscient et de son continent sombre et meurtrier et Freud en a été sa mascotte.

Le troisième millénaire s'éveille doucement à la supraconscience - conscience supérieure ou Soi - annoncée par le visionnaire Jung voici un siècle, contemporain de Freud. Appelons cela l'humour cosmique !

Les perceptions liées à cet état de supraconscience ne relèvent plus des sens ordinaires mais de sens plus subtils en voie d'émergence et de déploiement. Les glandes pinéale, pituitaire, le thymus, la rate, comme d'autres glandes et centres énergétiques à découvrir sont nos futurs outils de supraconscience. En pleine expansion, les médecines vibratoires centrées sur la transmission d'informations et non plus sur l'action de molécules chimiques, annoncent également cette mutation.

Les informations en provenance des plans subtils de l'être sont uniques à chacun. Elles seront véhiculées, selon les individus, par l'image, l'ouïe, les odeurs, les mots entendus ou écrits, c'est-à-dire par la voie des sens ordinaires, mais cette fois-ci au service de l'intuition.

Ce training de **supra-brain-gym** est excellent pour réveiller et exercer les potentiels extrasensoriels en sommeil en chaque humain. Par exemple réactiver la clairaudience et la clairvoyance en les appliquant à son projet, aller demander l'information dont on a besoin à l'instance Supraconscience qui veille en nous, omnisciente et omnipotente pour chacun de ses « enfants ».

Au XXe siècle, des générations de psys s'alignèrent sur l'instance de l'inconscient. Au XXIe siècle, les potentialités suprasensorielles seront en voie de réintégration par les masses. C'est ce que l'on nomme Évolution et elle est infinie !

L'Institut Monroe qui étudie depuis le dernier demi-siècle les états modifiés de conscience (EMC) organise aujourd'hui des formations de managers sur la création de valeur ajoutée à partir de ces EMC. Il les entraîne à ramener dans le présent les solutions existantes dans d'autres dimensions que celles du temps linéaire.

Ceux qui se confient à leurs anges gardiens ne vont-ils pas s'enquérir auprès de ceux-ci des contours à venir de leur vie ?

Ce que l'on ramènera, même infime, fera sens pour soi… jamais pour l'autre !

Alors que le *customing* et la personnalisation sont tendance dans le domaine du design et de la consommation dans une logique strictement marketing et commerciale,

il s'agit là de développer une forme plus subtile, personnelle et inspirée de son projet. Cela en imaginant que l'instance supérieure qui nous est toute dévouée et pilote les expériences de notre vie attend depuis longtemps que nous établissions le contact. Appelons cette méthode le «« sur mesure de notre conscience supérieure » !

Plutôt que de théoriser dans de vains débats sur la réalité de cette dimension, je propose d'expérimenter sincèrement et légèrement. Alors entrera dans vos vies une toute autre qualité d'être et de joie.

Ce senior déjà cité, anciennement journaliste pour *Les Trois Mondes*, me raconte la façon dont il visualise les différentes séquences du film de ses prochaines décennies : « *J'ai une vision très intuitive : je pense que je vivrai vieux, je pense que je me tournerai de plus en plus vers l'enseignement, les gens viendront me voir, parleront avec moi et je leur apporterai des choses, une expérience. Je me ressens un peu passeur sur la vie. Je pense aussi que je continuerai à écrire. Une amie écrivain me dit : peut-être écrirons-nous un bouquin ensemble.* »

Imaginez maintenant la tournure que peut prendre la communication quotidienne avec votre supraconscience.

Chacun inventera le mode de connexion qui lui convient, de façon ludique et ouverte. Il n'est pas question de rituels codifiés mais de laisser une porte grande ouverte et de se laisser infuser par un autre plan de conscience… Juste observer ce qui se passe, et le vivre dans l'instant, sans peurs, ni projections ni interprétations mentales. Un sacré défi pour les générations du cerveau gauche... dont je suis !

Nous sommes des êtres cosmiques, en partie à notre insu pour l'instant. Nos antennes émettrices-réceptrices attendent d'être rebranchées ! Et si notre cerveau était à la fois radar et antenne ? C'est juste un autre point de vue que je propose à vos cerveaux droits pour les réveiller de leur léthargie !

Aller à la rencontre de sa vision intuitive, c'est avancer vers son projet.
Celui-ci, pour exister, a besoin de votre pleine participation. Appelez-le, précisez-le, formulez-le quotidiennement comme s'il était déjà là. Scénarisez-le quotidiennement, ressentez sa réalité dans votre être et votre corps.

Comme le dit avec humour cette senior de 62 ans qui vit depuis quelques années ce jeu conscient et léger avec sa supraconscience : « *Un projet de vie s'articule autour de l'ouverture, le changement, les nouvelles valeurs.* ***Comment ? J'attends les signes ! Là où je peux être utile, c'est ça !*** »

Une belle leçon de lâcher-prise et de confiance, vécus dans une joie lumineuse au quotidien : ce sont les principaux ingrédients de la réussite de son projet de vie.

CHAPITRE 12

DU TALENT AU DON

Créer est une clé de vie. Toute création est directement associée au plaisir, à la joie, à l'enthousiasme, à l'expansion de soi, avec des bienfaits importants en termes de santé globale et d'équilibre de vie.

Le processus de création suscite un état de disponibilité, de réceptivité, d'ouverture à soi-même et à sa part inventive. Il favorise l'expression de soi.

Le don n'est pas réservé aux seuls artistes. Tout individu est potentiellement créateur, mais en dehors des métiers dits de création, la créativité individuelle reste encore très peu sollicitée.

Pourtant, du cadre de vie aux différents instants de sa vie, de la recherche à l'art des jardins, la création est partout.

Et vous, quel est votre talent ? À partir de cette question, chacun peut s'entraîner à dessiner et raconter son talent, son aptitude, sa passion.

En quoi ce don est-il relié au projet de vie ?
Comment s'imagine-t-on vivre avec ce don ?
Quelle place a-t-on envie de lui donner ?
Que va-t-on faire pour lui donner réalité ?

La graine de l'arbre porte le projet de l'arbre entier. Reconnaître et libérer son talent prépare sa mise en œuvre dans le projet de vie.

Un senior de 61 ans me dit : « *Il est important de retrouver les vraies valeurs des mots : les personnes n'ont pas de valeur à leurs propres yeux, toutes ces valeurs ont été éteintes pendant les quarante ans de vie professionnelle, chacun a été programmé pour ne plus exister. Comment s'en sortir puisqu'on nous dit qu'on est bon à rien. Quand on arrive à la retraite, on nous jette à la poubelle ! Dès que l'on prononce des mots de cette force, la majorité se détourne, ils ne s'y reconnaissent plus, ils ont oublié, puisque la manipulation est partout à chaque instant.*

Moi on m'a toujours dit de la fermer depuis l'enfance. J'ai été programmé comme ça. Comment m'en suis-je rendu compte ? J'ai fait un jour un peu de numérologie et j'ai vu que la communication était bien aspectée dans mon thème. C'était une porte ouverte. Je me suis dit : si c'est bien aspecté, je vais faire des expériences, et j'ai commencé à parler, et j'ai vu que ça marchait. Je n'ai pas eu besoin d'aller plus loin dans la numérologie, j'ai trouvé un détail qui m'a ouvert mon chemin de vie.

Pour moi, ce fut un outil comme un autre pour retrouver mon don. De plus, j'ai eu assez de foi pour croire à cet élément-là qui m'était indiqué, assez de conviction personnelle pour faire l'expérience et voir que ça marchait. Peut- être en effet que j'ai ce don de communication, de plus je l'ai expérimenté et enfin ça a été ma croyance de le développer. C'est comme cela que je suis devenu facilitateur pour la Biodanza. »

Tous créateurs

Contrairement aux croyances en cours qui limitent la création à quelques métiers bien définis, nous sommes tous créateurs, tous nés pour créer, chacun dans son registre.

C'est l'une des lois propres à l'humain, c'est aussi un pouvoir dont nous n'avons pas pris la mesure.

Un pouvoir illimité de faire exister, de donner forme par la pensée, l'imagination, la parole, les mains, les actes.

Nous avons ce pouvoir tout-puissant de créer nos vies, de les décréer et recréer à l'infini.

Le pouvoir et la joie d'une création qui se déploie dans l'illimité.

Car ce pouvoir de création, lorsqu'il est utilisé en conscience, est, avec l'amour, le premier des carburants, un phénoménal *booster* de nos vies. Cela, qu'il s'agisse d'une broderie multicolore, d'une ville, d'une œuvre, d'une guérison. **Les échelles de joie ne seront pas toutes égales, mais la racine de la joie sera identique : celle de revenir à la puissance de soi.**

Des modèles que nous ne voyons plus !

Si l'on regarde l'incroyable décor de la planète et de ses formes invraisemblables de vie, tout est l'expression de la création.

Que dire de la voûte céleste et des étoiles visibles, des milliards de galaxies, d'objets et de mystères célestes, manifestations d'une puissance de création sans nom.

De l'univers à Gaïa, et à l'humain, **notre matrice d'être est régie par la création**. Chaque être de cette terre est porteur d'un talent propre.

Notre société a rétréci la création à quelques artistes, designers, scénographes en vogue. C'est un regard réducteur et erroné de limiter la puissance du processus créatif à quelques personnages surtout doués, le plus souvent, d'un talent médiatique !

La dynamique de création est partout. Dans la forte croissance des métiers du graphisme, de la mode, du parfum, de l'architecture intérieure, de la décoration, du paysagisme, des jardins et parcs. Ces métiers touchent à la recréation permanente du cadre de vie, de l'habitat à la ville et à ses environnements naturels.

Elle est dans les métiers d'art trop ignorés voire dédaignés de la sphère médiatique qui leur préfère la folie design. Ils révèlent pourtant des créations miraculeuses à partir des mondes minéral, végétal, animal, dans un parfait respect du vivant.

Si les métiers du spectacle vivant et de l'esthétique font du corps leur principal instrument de création, ceux de la création musicale, de l'image fixe, animée et virtuelle, sont également guidés par cette force.

Les créations de la pensée portées par écrivains, scénaristes, dramaturges, journalistes… et celles abstraites des mathématiciens, astrophysiciens, cosmologues…

Création aussi pour les initiateurs d'associations qui font œuvre utile souvent méconnue.

L'ingénieur qui conçoit et fabrique les grandes infrastructures, les chirurgiens qui repoussent toujours plus loin la perfection de leurs interventions, les thérapeutes qui font de la guérison un art, ne sont pas moins créateurs…

Les apiculteurs qui récoltent le miel, les maraîchers qui font pousser fruits et légumes créent à partir de la vie…

Plus largement, chacun de nous met en œuvre quotidiennement ce processus créatif, ingénieux bricoleur appliquant les lois universelles de la mécanique et de la physique un jour, jardinier inventif le lendemain, décorateur amoureux une saison et cycliquement écrivain de ses mémoires !

Il est naturel que la jeune génération, plus libre de ses choix que celles qui l'ont précédée, se tourne aujourd'hui en masse vers ce qui est constitutif de la nature humaine : créer.

Cela est sain, cela est juste, seul le regard sur la création est à réviser. **Car la création n'est pas élitiste, elle émane de l'être, non d'une mode ou d'une catégorie privilégiée.**

Créer : une clé de jeunesse

Trouver sa source de création, c'est trouver sa passion.

Nous vivons sans en être conscients dans un flux universel et toujours renouvelé de création.

Celle-ci nous est inhérente et naturelle… bien qu'elle s'exprime la plupart du temps à notre insu.

Ce qui l'est moins est que l'évolution de nos cultures bride toujours plus la créativité des métiers, annihilant l'expression la plus mobilisatrice de notre être.

Toute création est directement associée au plaisir, à la joie, à l'enthousiasme, à l'expansion de soi, avec des retombées épanouissantes sur l'équilibre de vie.

Créer, c'est se glisser dans le mouvement de la vie et accomplir simplement l'une de nos missions terrestres les plus élevées. Créer c'est s'accomplir et se faire du bien.

Créer est se relier à une source inépuisable de jouvence.

Créer est un activateur de vie, une ouverture sur les possibles.

Nous voici bien loin des simulacres égotiques d'écoles d'arts qui, depuis des décennies, font de la création une expérience « conceptuelle » souvent maladive et autocélébrée. Des maladies contagieuses au vu des déséquilibres de la société. La plupart de ceux que l'on nomme artistes aujourd'hui sont ignorants de l'impact psychique collectif de leur morbidité. Mais c'est une autre histoire dans l'histoire !

Voilà pourquoi il est aujourd'hui essentiel que les seniors puissent retrouver et affirmer un pouvoir créateur qui n'était pas vraiment d'actualité durant leur vie active.

Écoutons ce retraité heureux et plein de projets à 61 ans, au cœur de ce courant de création.

« *La créativité pour moi est avant tout philosophique et intellectuelle, non pas manuelle, je suis nul en bricolage et ça ne m'intéresse pas. Donc pour moi elle se tourne vers l'écriture essentiellement. J'aime écrire, je suis fait pour écrire des articles, pas des livres.*

La créativité, c'est aussi ***construire des choses avec des gens*** *: la société des lecteurs du magazine est une expérience créative.*

Avoir des contacts multiples avec des personnes aux démarches spirituelles très différentes et mettre tous ces gens en contact. Nous avons créé un petit bulletin trimestriel dont je m'occupe avec bonheur. Nous sommes partis de l'idée d'une lettre écrite par les lecteurs qui nous racontent leurs expériences de vie. Nous en sommes au 9e numéro depuis deux ans, ça c'est de la créativité. ***Ça génère de la vie.***

C'est ça l'ouverture, je suis très portes ouvertes... ***Créer des possibles.*** »

Pour une autre senior de 61 ans, rayonnante de vie et de dévouement, conciliant une âme d'artiste dans un métier social : « *Les plus grandes joies dans la vie c'est de créer, le bonheur, c'est de créer quelque chose, avec ses mains, avec ses doigts, avec sa tête, créer un texte, reconstituer de la musique à partir d'une partition, créer un foulard. C'est par la création que j'atteins la plus grande joie. Tout est création, une activité sociale, artistique, de chercheur...* »

Seniors, rattraper le retard !

Et vous, quel est votre talent ?

Question cruciale pour la plupart des seniors qui n'ont pas choisi une filière artistique mais se sont consacrés à des métiers administratifs, commerciaux, scientifiques, hospitaliers, d'enseignement… Des décennies de prise de tête quotidienne avec des problèmes pratiques à résoudre ont souvent émoussé les talents premiers avec lesquels ils sont nés.

Cette quête de son talent, de son art, de sa passion est une opportunité pour les seniors qui n'ont pas été confrontés à cette interrogation dans leur jeunesse !

L'empreinte de la guerre et de l'après-guerre ne favorisait pas cette écoute de soi, bénéficiant surtout à l'explosion de toutes les formes de consommation ! Les créateurs des décennies 45-70 étaient une élite bien distincte d'une société de masse **encore en sommeil d'elle-même**.

C'est pourquoi il importe que les seniors, quel que soit leur âge ou leur appartenance, trouvent enfin leur propre expression créative. Pour à leur tour se baigner dans cette source de jouvence qui n'est pas réservée qu'aux nouvelles générations. Alors, ce talent, ce don enrichira au centuple leur projet de vie.

« *Au début, je n'ai pas choisi totalement ma vie professionnelle : fondant une famille en 1964, mon souci ma-*

jeur était de gagner de l'argent en m'amusant, sans autre dimension que celle-là. J'aurais aimé pouvoir développer une vie professionnelle qui soit ma passion, comme l'ont fait mes enfants : tous les quatre ont une passion et s'y consacrent. J'avais un rêve étant enfant : être architecte, musicien, dans la création, dans l'art, et je ne l'ai jamais réalisé. Paradoxalement, ce sont mes enfants qui aujourd'hui exercent chacun de ces métiers avec bonheur ! »

Si l'art n'a pas été la voie d'inspiration de cet heureux senior, il s'épanouit aujourd'hui dans la création suprême, celle de l'ouverture de la conscience spirituelle à d'autres plans de compréhension, celle du service à des causes environnementales de première nécessité.

Rencontrer ses envies

Paradoxe ! La richesse - et la problématique - de certains peut être d'avoir une infinité de talents comme me le dit une amie psycho pédagogue et consultante de 65 ans : « *Je n'ai pas une envie de réalisation, je suis tentée par mille et une choses, étant très créative, j'envisage toujours ce que l'on pourrait faire de différent. J'ai du mal à répéter les recettes de gâteau, il faut toujours que je crée ! Je ne suis pas un numéro un mais quelqu'un qui impulse, donne des directions, des idées, pour permettre à des opportunités de se créer !* »

Ce rayonnement créatif qui la caractérise est son talent suprême, fait pour se déployer auprès de personnes en difficulté ou en reconversion professionnelle.

Les résultats obtenus sont la conséquence directe de ce talent particulier, puissamment intuitif, d'impulser de nouvelles opportunités. Elle est en plein exercice de son pouvoir créateur.

Si identifier son talent n'est pas immédiat pour beaucoup, quelques étapes permettent de **rencontrer ses envies** :

- faire le bilan de l'expérience acquise et de ses Trésors ;
- développer une vision d'avenir à partir de ses rêves et envies ;
- s'ouvrir au ressenti du corps par le biais des multiples ateliers-thérapies aux outils vibratoires et rythmiques tels que danse, sons, parfums… Dans ce climat de réceptivité, dans ce ressourcement intérieur, les portes d'accès à l'être profond s'ouvrent progressivement ou soudainement pour nous guider ;
- et oser vivre ses rêves, passions et talents.

Pour les femmes, les centres d'intérêt les plus attractifs sont souvent la santé, la nutrition, la beauté et les soins naturels du corps, l'expression personnelle au travers du corps et des sens, la créativité qui conjugue l'art et l'âme, la nature et le règne végétal, l'art des relations et des associations, toutes les activités intuitives et sensibles…

Pour les hommes, il est l'heure de redécouvrir leur part féminine et d'explorer leurs ressentis par tous les outils à disposition aujourd'hui pour retrouver le chemin de soi.

Internet est de plus en plus un outil de découverte de nouvelles passions, celles que l'on n'a pas su créer ou trouver dans la vie active. Au-delà de passions fugitives affectives, nourries par la virtualité de la relation, il s'agit d'une exploration de ses propres envies jamais écoutées.

Le « Net » sera d'autant plus efficace dans la recherche d'informations sur ses envies de création que les questions de base auront été clairement posées.

Cadeau suprême : le don

La recherche de ses talents peut se conclure par un cadeau inespéré : trouver le don que l'on porte…

Écoutons à nouveau cette tonique senior : « *Je crois beaucoup au Don. Je suis convaincue que chaque être naît avec un capital de dons. M'étant occupée d'une petite section de maternelle, j'avais découvert les dons artistiques des enfants, je détectais un enfant musicien, un enfant peintre. Je crois que chaque être accueilli et désiré par ses parents a un potentiel de dons, c'est aux parents de le faire prospérer et de le diriger.* »

Le don est le cœur du projet de vie, il évoque une grâce que l'on contacte en soi, qui attend depuis longtemps. « *Un jour, son talent propre va s'exprimer par un don, chacun est porteur de ce don, il faut le retrouver : le don est le cadeau de sortie du processus de recherche* », affirme cette senior de 65 ans, à l'aurore de sa vie.

Au bout d'une trentaine d'années de travail sur ses rêves et de lent cheminement vers son être essentiel avec la même thérapeute, elle se prépare à accueillir le don de soigner. Un don qui se met en place dans une parfaite synchronicité au travers d'événements, de situations, de signes convergents.

À ce degré d'union avec son Soi, on peut parler de don, non de talent. Le don est alors la grâce qui vient couronner le parcours intérieur de toute une vie. Tel est le chemin de soi à Soi, du talent au don.

CHAPITRE 13

LE TEMPLE DU CORPS ET LE MIEUX-ÊTRE

« La nourriture de synthèse rend insensible à la souffrance de la terre. »

Gardiens de la Terre, Le Colombier 2003

Sans un corps en parfaite santé, pas de projet de vie !

Le corps est la condition première de toute création, de toute réalisation intérieure et extérieure.

Il est le lieu du ressenti. Ressentir, c'est entrer en soi.

Voilà pourquoi il est urgent de procéder à un autre renversement de perspective : notre santé est d'abord affaire individuelle et non affaire de santé publique.

Elle demande de se recentrer sur la prévention, non sur la guérison.

Elle suppose de se prendre en charge, d'écouter ses ressentis, de déchiffrer le langage du corps indissociable de celui de ses émotions et de ses croyances.

La santé globale : une affaire individuelle

Le parfait état de santé du corps est la condition d'un projet de vie heureux. Or le corps devient l'allié ou l'ennemi selon la façon dont il a été traité tout au long de la vie active.

L'avantage de cette période est d'être pleinement disponible à soi, plus attentif à la qualité de sa vie, de sa santé, des échanges.

L'inconvénient est la facture parfois lourde des négligences et des impasses commises envers le corps durant quelques décennies.

Le corps ne peut être mis de côté indéfiniment. C'est pourquoi la cessation d'activité est souvent associée à la naissance de maladies, conséquences des erreurs passées.

Le corps est l'une des voies de la réalisation de soi. « Le corps est très important », je dis souvent à mes élèves dans mes cours de yoga : « ne le négligez pas, c'est un outil, entretenez-le pour qu'il fonctionne le mieux et le plus longtemps possible. »

Travailler sur son corps quand on est senior fait partie de l'équilibre général, des exercices physiques sont à pratiquer régulièrement, tous les jours.

Profitons de ce temps où l'on a du temps pour s'intéresser à soi, sur le plan physique et psychique. Tout est lié, travailler sur son corps interagit sur la globalité de l'être.

Nous sommes tellement pris par la vie courante, toujours dans l'action, que nous négligeons les temps de pause, d'arrêt, de réflexion, de recul nécessaire pour prendre les bonnes décisions. Cette capacité à faire des *breaks* est à développer.

Le corps sera de plus en plus au centre de la vie d'un nombre grandissant de seniors.

« *Nous aimons beaucoup marcher, et nous tenir en forme pour continuer à marcher, c'est ça le but. Mon hygiène de vie : la trottine pour le souffle, des mouvements de yoga trois ou quatre fois par semaine, je m'y oblige régulièrement, je sens que c'est absolument indispensable. Nous sommes attentifs à ce que nous mangeons pour éviter le cholestérol. Il y a bien longtemps que je n'ai plus de bassine à frites, nous en mangeons au restaurant de temps en temps. Garder une silhouette agréable fait partie de la qualité de vie. On y fait davantage attention.* »

Tout passe par le corps : émotions, perceptions, sensations, pensées, parole, imagination… **Sans lui, pas d'expression.**

Mais qui connaît son corps ?

Qui sait respirer, améliorer les échanges intercellulaires, décristalliser les toxines, évacuer les tensions, renforcer ses protections énergétiques et psychiques, entretenir une hygiène de vie, favoriser l'autoréparation du corps, relancer les défenses naturelles… Ce sont pourtant les conditions de concrétisation du grand rêve qu'est le projet de vie.

Car notre cerveau est là pour « *tisser les rêves de l'âme* », non pour régler dans l'urgence les multiples agressions quotidiennes, comme le dit le philosophe et mystique Jean-Claude Genel.

Le mieux-être, une demande gigantesque

• Comment optimiser son capital santé, poser les bases d'une longévité équilibrée, harmoniser les plans et corps subtils - hélas ignorés encore par la majorité - que sont l'énergie, les émotions, les pensées, l'être spirituel ?

• Comment se recharger à la source de la vie ?

• Comment se responsabiliser dans la maîtrise d'une santé globale ?

• Comment passer du curatif au préventif ?

• Comment mieux respecter son corps afin de retrouver une qualité de vie ?

Ce sont les principales questions que révèle l'aspiration au mieux-être de ce troisième millénaire.

Même si cette quête de mieux-être devient générale, elle est particulièrement actuelle pour les seniors confrontés aux négligences, aux excès, aux abus des décennies écoulées.

Malades de quoi ?

Jamais la quête de santé n'a été si grande, jamais l'état physique et psychique de notre société occidentale n'a été si dégradé.

En regard d'une longévité accrue, les cancers, les maladies immunitaires, cardio-vasculaires, les problèmes d'obésité, les affections de la peau, les dérèglements émotionnels, les troubles « non identifiables » s'accroissent.

Les réponses chimiques et technologiques de la médecine allopathique sont souvent agressives, entretenant une dépendance aux médicaments, antidépresseurs, vaccins, banalisant les interventions lourdes. Cet assistanat chimique prolongé a un prix : bien au-delà du gouffre de la Sécurité sociale, celui de l'état de notre corps.

La vision occidentale de la santé est restrictive, interventionniste et curative, aussi lourde pour le corps que pour les finances de l'État, mais chacun persévère ne voulant rien voir. Elle est à l'image du système de santé engorgé et coûteux.

Préventives et holistiques, les médecines asiatiques, indiennes, amérindiennes, anticipent les dérèglements en rééquilibrant les énergies. Elles font de la santé une totalité aux interactions multiples. Un médecin chinois a failli lorsque son client tombe malade, il peut même perdre sa clientèle si cela se sait.

Selon ces sciences millénaires, le parfait état de santé procède d'une harmonie entre le corps physique et ses enveloppes subtiles – corps énergétique, émotionnel, mental – rien n'étant séparé.

Il s'entretient par l'aptitude à établir des relations justes avec soi et ses différents environnements - de l'entourage humain à la nature - et à faire face aux situations de la vie.

Il se nourrit d'un état d'ouverture et de disponibilité à la vie et à son courant.

Il se ressource dans la prise en compte de la planète et du cosmos.

Être vigilant à sa santé globale développe l'écoute intérieure. Ainsi devient-on conscient des multiples illusions qui maintiennent en état de dépendance.

C'est une tout autre vision et une tout autre responsabilisation pour le médecin comme pour le malade. L'un et l'autre se conduisent en adultes responsables et avertis, en vue d'une plus grande autonomie et qualité de vie.

Cette démarche holistique n'est pas encore acceptée dans les institutions et les « élites » universitaires occidentales qui tronçonnent et divisent. **Pourtant, des millions de personnes en état de mal-être chronique s'y acheminent**, conduites à se tourner vers des voies plus douces, réparatrices et englobantes.

Pour l'instant, elles le font de façon détournée, ces médecines douces - mais efficaces car respectueuses de notre écosystème intérieur - étant l'opprobre des mandarins.

Bientôt, celles-ci seront majoritairement réhabilitées et existeront au grand jour en complément des médecines dites officielles.

Au vu de l'évolution, rappelons que dans le domaine des connaissances relatives - car évolutives ! - ce qui est officiel au temps T devient caduc au temps T+1. Nous sommes dans ce moment de transition où, à tous les niveaux, nous vivons encore sur la base d'un système inopérant et périmé, alors que tout nous invite à expérimenter d'autres voies.

La maladie du sens

Il y a toujours une infinité de niveaux dans l'origine d'une maladie.

Outre des conditions de vie toujours plus stressantes, incertaines, difficiles, le **sens de la vie** échappe à la majorité, la plupart des vies étant en inadéquation avec les aspirations. De cette absence de sens, fleurissent nombre de pathologies, qui un jour se concrétisent dans un organe, dans un effondrement de l'immunité, dans une perte de vitalité.

La maladie est la dernière étape d'un dysfonctionnement de fond, principalement d'origine psychique - émotionnel, mental, spirituel - lorsque les systèmes de croyance et les comportements qu'ils induisent sont inadéquats. Voilà pourquoi il lui faut quelques années ou décennies pour s'installer, pour « descendre » du plan causal au plan physique.

Jamais les salons sur la santé naturelle n'ont été plus florissants et tendance : *Marjolaine, Vivez nature, Santé autrement, Rentrez Zen, les marchés bio*... Une macro-tendance qui relève plus d'un courant de fond, dans la lignée des créatifs culturels que j'évoquais.

On y trouve **en germe les nouvelles façons de vivre son corps, ses émotions, sa spiritualité, son habitat, sa créativité**. Ce que j'énonce dans ce livre est la réalité quotidienne de milliers de thérapeutes et d'un nombre toujours plus grand de leurs clients.

La palette des intervenants d'une richesse étonnante, concilie souvent la rigueur d'une approche scientifique et l'ouverture aux interactions avec les différents plans de conscience, des plus matériels aux plus subtils. Le tout dans une atmosphère conviviale de partage et de responsabilisation bien loin des énoncés dogmatiques et hautains de nombre de professeurs d'université.

Pourquoi ces praticiens de santé, **ces savoirs au service de la vie**, ne sont-ils pas plus relayés par les médias ou trop exceptionnellement, comme nous en a gratifié pendant plusieurs années Marc Menan sur Europe, dans ses émissions traitant du bien-être et des phénomènes inexplicables ?

Pourquoi, lorsqu'ils le sont, est-ce principalement pour leur opposer des détracteurs conservateurs et critiques qui n'ont jamais exercé que leur seul cerveau gauche et sont encore à l'âge de pierre de la preuve physique et d'une matière inerte ?

Pourquoi est-ce surtout pour les tourner en dérision ou les condamner ?

Le numéro d'octobre 2004 de *Pratiques de Santé* dirigé par le Dr Willem annonçait l'arrestation du Dr Hamer, son emprisonnement, suite à la condamnation par la cour d'appel de Chambéry.

« *Qu'a-t-il donc fait pour mériter une telle sanction ? Il a simplement défendu que le psychisme puisse être à l'origine de nombreuses maladies, notamment le cancer. Il défendait l'idée qu'en résolvant le conflit biologique qui est à son origine, on peut guérir de la maladie.* »

Qu'y a-t-il là de condamnable ? Ce **retour d'inquisition** qui se manifeste depuis quelques années me paraît être le dernier feu d'une façon de penser qui a conduit une civilisation à l'impasse actuelle. Là est l'imposture, non dans les intuitions du Dr Hamer.

Rappelons que la plupart des thérapeutes des médecines vibratoires travaillent sur la base de ce postulat et ont des guérisons bien évidemment incompréhensibles aux yeux de l'allopathie mais dans la **totale logique de la vie, de l'être et de sa psyché**.

Ce qui paraît hérésie aux conservateurs de leurs acquis est pourtant la réalité qui se met en place, celle également de la médecine quantique.

Si la médecine actuelle a son utilité et sauve toujours de nombreuses vies, elle doit simplement prendre conscience que ses limites peuvent être relayées par des pratiques complémentaires, dans le dialogue et l'intelligence commune. La médecine d'urgence aura encore longtemps sa raison d'être. Mais cet état d'urgence déclaré s'est sans doute mis en place depuis des décennies avant d'en arriver là, pour les raisons développées ci-dessus.

Les solutions sont en nous mais ça n'arrange personne !

Il n'existe aucun hasard dans les pathologies développées, miroirs des dysfonctionnements intérieurs.

La maladie - le mal-à-dire - est l'alphabet du mal-être, des résistances et peurs, des non-dits et non-reconnus, elle est la cristallisation de souffrances psychiques, souvent du refus d'incarnation développé au fil des années.

Avez-vous remarqué à quel point votre état de santé dépend de vos émotions, de vos croyances, de votre état d'esprit. Ils en sont **le baromètre quotidien, la météo du jour** !

Alors imaginez, lorsque une émotion stressante, aliénante, un état chronique de mauvaise humeur, de colère, de pessimisme, une critique et un jugement systématique de tout ce que les autres font et sont… se répètent quotidiennement durant des années, des décennies souvent. Que croyez-vous qu'il advienne sinon ces fameuses maladies que vous dites extérieures à vous et qui vous paraissent injustes et tombées du ciel !

Vos pathologies proviennent principalement des distorsions et altérations de vos intentions, pensées, paroles, actes contraires aux lois d'harmonie de cet univers.

Le physique, l'émotionnel et le mental ne sont aucunement dissociables. Les émotions altérées - rancœur, ressentiment, colère, rage, haine, jalousie, frustration, insatisfaction, envie, souffrance…- déterminent des systèmes de croyance altérés - il a plus que moi, il est plus chanceux que moi, il ne le mérite pas… -, eux-mêmes nourris par ces émotions négatives. Leur association est à l'origine des dysfonctionnements physiques. C'est ce que découvre aujourd'hui la médecine quantique et nombre de ces thérapies vibratoires qui explosent. Tournez-vous vers la sagesse et la connaissance de la médecine orientale pour constater que chaque organe et système biologique a ses correspondances énergétiques d'émotions, de ressentis, de croyances.

De nombreux chercheurs et thérapeutes « alternatifs » ont ces clés, mais ils sont encore condamnés, exclus ou mis à l'écart de la communauté scientifique, elle-même pourtant de plus en plus discréditée dans ses moyens et ses résultats.

Plus largement, de grandes maladies comme le cancer, les maladies cardio-vasculaires, **sont les indicateurs des dérèglements provenant des choix de société occidentaux.**

Elles nous informent de l'état de santé psychique collectif dans un parfait effet miroir.

Elles sont le dernier signal que nous adressent le corps et les cellules pour modifier notre mode de vie et surtout notre regard sur la vie.

Elles sont l'opportunité de redécouvrir notre pouvoir d'autoguérison affaibli par les surdoses de chimie.

Les solutions sont en nous. Chacun a à redéfinir ses droits, à reprendre sa place, à intégrer des notions plus élevées de la vie et de l'éthique, à retrouver son identité.

C'est la première étape du processus de refonte de nos vies et de notre santé.

Voilà pourquoi il devient urgent que chacun puisse se réapproprier son pouvoir d'action sur son corps et sa santé, dans sa vie quotidienne, dans le respect de son libre arbitre.

Voilà pourquoi il est urgent de rendre au grand public, au-delà des seniors, les clés de conscience et les outils pratiques lui **permettant d'être autonome et de décider en son âme et conscience, en dehors des moules de pensée officiels**. Cela qu'il s'agisse de vaccinations intensives, d'euthanasie ou d'orientation vers des gestes chirurgicaux « de confort ».

Les avancées de la médecine technologique occidentale seront impressionnantes le jour où elles s'uniront avec la connaissance subtile, spirituelle, multimillénaire que chaque civilisation garde vivante : les deux sont à se joindre pour une efficacité optimum. L'omerta se termine. Nous arrivons dans un temps de rassemblement des savoirs en vue d'une unité, d'une universalité, d'une intégrité nouvelle, d'une écologie humaine globale encore jamais atteinte.

Encore aujourd'hui, le réapprentissage de sa liberté de penser et d'action, la responsabilisation de soi sont encore trop souvent assimilés à des pratiques ou dérives sectaires.

Pourquoi ? La réponse est simple : l'être fait peur car il sait, n'a nul besoin d'artifices ni de marketing abusif et ne met pas de masques.

Les outils existants, jusqu'ici peu divulgués, sont maintenant disponibles sur ces salons grand public, sur Internet, dans une multitude de réseaux fraternels et engagés. Ils sont accessibles à qui désire les trouver. Il n'y a là aucun secret, rien d'occulte ! **Juste la liberté de choisir, pour la première fois à disposition d'un nombre croissant d'insatisfaits du système actuel.**

Bientôt, chacun sera en mesure de faire l'expérience de soi et de reprendre les clés de sa santé et de sa vie.

C'est le plus efficace des systèmes de prévention ! Se rendre disponible à soi, c'est rétablir progressivement l'état de santé. C'est aussi rétablir notre droit universel à toute information pouvant améliorer la vie au quotidien. Or, que d'impasses sciemment entretenues !

On observe aujourd'hui que les médias deviennent la principale tribune d'expression publique, s'ouvrant à une abondance de témoignages, d'expériences uniques et collectives d'une grande richesse.

Mais le simple droit d'expression ne suffit plus, il ne peut qu'amplifier la frustration dans cet état de crise profond, **car il s'agit bien de changer l'ordre des choses, non seulement de s'exprimer**.

Mais chaque chose en son temps !

Les thérapies vibratoires et artistiques

De nombreux outils d'harmonisation, d'alignement énergétique et de guérison existent aujourd'hui. Leur action thérapeutique s'exerce sur le plan éthérique, psycho-émotionnel, spirituel, et par résonance sur les plans physiques.

Ils permettent de retrouver le contact avec l'âme, l'être intérieur, qui, lui, sait comment mettre en œuvre le processus de guérison.

Ils ont en commun d'être des **ouvreurs de conscience et des concentrés d'énergie subtile au service de notre vitalité**.

Vitalité : un mot encore associé à une superstition moyenâgeuse alors que le XXIe siècle aura à le réhabiliter, notamment dans le domaine de l'alimentation et de l'eau. Car nous nourrissons notre corps d'aliments transformés à très hautes et basses températures, irradiés, morts énergétiquement tout autant que l'eau. En l'absence d'une prise en compte énergétique, l'approche nutritionnelle reste partielle. L'attraction phénoménale du public envers les salons Bio et Nature est un indice de la justesse intuitive des êtres pour ce qui est fondamentalement bon pour leur corps.

Ce **savoir immédiat** qui se réveille sur toute la planète et pousse chacun vers ce qu'il est vraiment n'a pas fini de surprendre ! Les gens savent plus qu'ils ne le croient de par leurs ressentis. Cette combinaison d'intuition et de ressenti relègue progressivement bien des savoirs théoriques.

Ces pratiques à disposition sont des voies d'exploration et de redécouverte de soi. Donner la parole à leurs praticiens devient aujourd'hui un acte civique : il est anormal que le grand public soit encore coupé de ces informations hors quelques salons, ou qu'elles soient raillées ou dénoncées comme pratiques abusives. Cela suppose de faire appel, là comme ailleurs, au discernement, l'un des attributs de la pensée ! Mais cette aptitude est altérée car elle provient de la justesse du regard intérieur ! Celui-ci n'étant pas développé, la boucle se referme sur les peurs, les erreurs, les jugements définitifs, l'omerta.

Quelques exemples de ces soins énergétiques :

• Le son et le chant, notre réalité vibratoire… Du massage acoustique au voyage intérieur et à la méditation, de la fréquence individuelle à la fréquence universelle, le son est la première expérience vibratoire ;

• Les couleurs et leurs fréquences de guérison au travers notamment de la chromothérapie et de la luminothérapie ;

• Les élixirs minéraux, floraux, animaux, stellaires, galactiques, les fleurs de Bach, les harmonisants de l'âme ;

• Les huiles essentielles, huiles de soin, huiles de beauté, véritables concentrés d'énergie solaire ;

• Les pierres et cristaux au service de notre mieux-être et de notre évolution, détenteurs de secrets sur la connaissance des mondes lorsque nous saurons communiquer avec eux ;

• La danse du corps-conscience, les danses tantriques, chamaniques qui aident à retrouver le mystère de la création, de l'inspiration, de la liberté d'expression, en s'ouvrant à l'espace intérieur ;

• L'astrologie sidérale et karmique, la tarologie, la numérologie, le symbolisme, la mythologie, l'alchimie, l'alphabet hébraïque… autant d'outils de connaissance de soi et d'évolution dans tous les domaines de la vie. Des outils qui demandent **d'abandonner l'illusion des prédictions pour entrer dans l'intelligence spirituelle et évolutive du parcours personnel de vie** ;

• L'art de guérison retrouvé des peuples amérindiens et des chamans qui frappent enfin aux portes de l'Europe, et commencent à captiver la communauté scientifique par les résultats obtenus ;

• Les encens de méditation, thérapeutiques, d'agrément : un voyage dans l'univers du parfum et de ses bienfaits, et une ouverture à des espaces intérieurs et dimensionnels ;
• Et ainsi à l'infini…

La santé de l'habitat

Le Feng Shui, la géobiologie, l'explosion des matériaux naturels dans l'habitat - peintures, enduits, colles, revêtements… - ne sont pas l'apanage branché des *bobos* (bourgeois bohêmes) même s'ils récupèrent cet engouement vert et urbain !

Les lieux, les formes des pièces, du mobilier, le choix des couleurs, des objets, de la décoration, les multiples systèmes de communication, émettent en permanence des ondes nocives, harmonisantes ou dynamisantes...

Avec l'accélération de la pollution des champs électromagnétiques à basse fréquence - ordinateurs, portables, micro-ondes, antennes… - les Occidentaux prennent lentement conscience qu'ils sont environnés d'énergies qui les affectent à leur insu.

L'environnement naturel de l'habitat est également à considérer : la proximité de l'eau, des végétaux, des rochers, des arbres... Énergies renouvelables, matériaux naturels, qualité de l'air intérieur deviennent des priorités publiques compte tenu des niveaux de pollution chimique et sonore.

• Comment se protéger de ces ondes, comment rétablir les bonnes polarités entre les énergies cosmiques et telluriques dans la maison ?

• Comment maintenir une bonne santé et une harmonie intérieure dans l'habitat par une architecture extérieure et intérieure et des aménagements spécifiques ?

• Comment mettre en œuvre les changements positifs dans son lieu de vie et de travail ?

Voilà les questions de survie que commence à se poser l'opinion publique… vous tous !

Compte à rebours

Le compte à rebours est engagé pour une approche globale de la santé, prenant en compte le corps, les croyances, l'émotionnel, l'alimentation, l'habitat, le cadre de vie, la vie sur la planète…

Seule cette approche holistique est en mesure de répondre à la complexité des problèmes que nous avons si bien su créer.

Ce sera un long réapprentissage, tant pour décréer que pour recréer sur de nouvelles bases respectant la vie et peut-être inspirées de la sagesse cosmique qui est inscrite en nous tous, juste oubliée.

C'est la dernière étape de ce livre.

CINQUIÈME PARTIE

CONSCIENCE ET SENS OU L'ART DE LA VIE

Parvenu à ce stade, chaque senior peut s'engager sur les pistes de vie qu'il a lui-même tracées, avec pour guide le plaisir et non l'obligation, la qualité globale de la vie et non la productivité économique, et la reprise en main de tous les aspects de son existence.

Sorti de la pression du « tout pour la carrière », il peut alors aborder un équilibre de vie associant l'intériorité et l'activité, en vue d'un accomplissement personnel.

Une « retraite plurielle », à la carte, combinera la poursuite de missions, le bénévolat, l'engagement citoyen, le recentrage sur la vie privée et sur son mieux-être, l'expression créative, les passerelles intergénérationnelles, l'approfondissement des valeurs et du sens, et tout simplement les partages du cœur, de l'amour, de la gentillesse, de la disponibilité, de la bonne humeur…

Le senior s'appuiera sur son capital de maturité et de sagesse pour tendre vers l'état de bonheur au quotidien. Car « toute âme qui s'élève élève le monde ».

Le secret ? Un état de conscience et de présence à lui-même, à la vie, aux autres.
Cet Art de la Vie rayonnera alors, par l'exemple, sur la collectivité.

Ce sera le début de l'Âge d'Or.

CHAPITRE 14

DES COMMANDEMENTS INTÉRIEURS AUX VALEURS

« Tout est à reparamétrer en fonction de notre évolution actuelle, non par rapport au siècle passé. Les critères du couple n'ont pas été remis à jour, les gens se mettent en couple et divorcent sans même avoir fait l'expérience de la rencontre.

La valeur des mots n'est plus à jour, tous les mots de valeur ont été désactivés, l'affectivité, la créativité, l'inconnu…

Il n'y a plus que des stratégies de peur, de précaution qui empêchent de vivre.

Or tout existe quand tu t'ouvres, tout est là pour chacun, à tout moment, l'état de grâce existe, tout ça, c'est ta liberté. »

Le secret pour accéder à cet état de grâce au quotidien ? quinze minutes de culture physique et quinze minutes de culture psychique chaque matin !... enthousiasme,... ouverture et disponibilité... vivre l'instant présent... oser et agir...
L'entretien du psychisme détermine une bonne condition physique tout autant que l'inverse.
La culture quotidienne des valeurs à cultiver permet de construire au jour le jour une qualité d'être et de vie ouvrant sur la liberté intérieure, la confiance, la joie, la beauté, la paix, la sérénité, la sagesse, l'harmonie, le sens, le partage, le respect... »

La culture psychique matinale !

L'entrée dans l'état de senior est le moment idéal pour renouer avec l'exercice de la pensée.

Mettre au service de tous les aspects de sa vie des notions comme le temps, la liberté, le libre arbitre, le choix, le bonheur, l'être, le projet de soi, l'amour... n'est pas réservé aux seuls philosophes ou intellectuels. **Chaque humain a accès à ces valeurs universelles** dans une journée, une année ou une vie. Elles sont nôtres, elles nous fondent, nous constituent. Elles ne sont en rien le privilège d'une classe de penseurs, sociologues ou érudits.

Toutefois, intégrer leur sens et prendre conscience de ce qu'elles impliquent comme ouverture et transformation personnelle demande un apprentissage et une attention persévérante.

Ces **commandements intérieurs** sont souvent redécouverts par les seniors dans les années qui suivent le cap de la retraite. Une sagesse oubliée qui ressurgit un peu tard alors qu'elle est à disposition à chaque instant…

L'état d'esprit propice à installer est une hygiène mentale quotidienne, comparable au brossage des dents !

Plus proches des questions essentielles, dans un rythme plus respectueux de leur être, les seniors y ont un accès plus facile que nombre d'actifs.

Pourquoi ne pas se prendre en main : quinze minutes de culture physique et **quinze minutes de culture psychique** chaque matin permettent d'aborder la journée dans une autre perspective. On y va ? !

MERCI… *reconnaissance et gratitude*

Merci, le passeport de la reconnaissance et de la gratitude envers soi, envers l'autre, envers la vie !

Cet état de gratitude pose la graine de la joie intérieure jusqu'au jour où l'on se réveille en état de joie, quelles que soient les adversités et contretemps de la journée à venir. On sait alors que l'on a franchi un cap !

« Dire merci chaque matin de se trouver encore en vie et bonne santé est une merveilleuse richesse : que vouloir de plus ? »… « Merci mon Dieu, l'état de grâce, c'est pourtant pas compliqué ! » me dit Hélène, 75 ans, mon amie libanaise.

ENTHOUSIASME : ***entretenir le désir***

L'enthousiasme est avec l'amour l'un des boosters du projet de vie.

« *Je ne voulais surtout pas être retraité ne parlant que vacances, voyages, je voulais être autre chose* », dit avec saveur ce senior heureux.

Qu'est donc cette autre chose dont beaucoup rêvent…

Ce peut être retourner à la fac, apprendre un métier d'artisan, faire un tour du monde en voilier… ou cultiver son jardin !

C'est l'heure où beaucoup ont envie de recommencer des études, celles qu'ils ont laissées en friche autrefois.

Portés par l'enthousiasme, ils s'autorisent des échappées n'ayant parfois rien à voir avec ce qu'a été leur vie professionnelle.

OUVERTURE et DISPONIBILITÉ : *la formation continue*

L'ouverture permet de garder un intérêt, un éveil, une vigilance à ce qui est autour de soi et dans le monde.

S'ouvrir, c'est demeurer passionné, curieux de connaître, d'avancer, d'évoluer, **être autodidacte de la vie jusqu'au dernier instant**.

C'est écouter l'enseignement de chaque journée, de chaque rencontre, et élargir sans fin ses centres d'intérêt.

C'est se mettre en état de **formation continue** grâce aux expériences de vie.

C'est alors que la beauté de l'architecture de la vie, de l'agencement cosmique se révèle.

Rester ouvert tout en prenant du recul… Rester à l'écoute… Être disponible à l'inconnu… Laisser la vie faire les projets plus gracieusement que notre volonté… L'état d'ouverture permet d'intégrer le changement à tous les niveaux. Il donne ce sentiment d'être en évolution, en avancée continue dans les idées, les relations, les expériences.

S'ouvrir, c'est laisser entrer l'imprévisible dans sa vie. Le jeu des synchronicités, des clins d'œil de la vie fait parfois bien les choses, complice d'une vie plus libre et souple.

À partir d'une disponibilité, tout devient possible. Ouvrir une porte symbolique en proposant une chambre d'hôte dans un appartement parisien conduit à d'autres rencontres, d'autres opportunités, comme le pratique depuis une dizaine d'années ce couple de retraités : « *Rencontrer des gens ne soustrait jamais, cela ne fait que multiplier.* »

Laisser jouer la libre association des possibilités de la vie est une disponibilité à l'instant riche d'étonnements. Ce beau témoignage donne la mesure de cet état.

« *J'ai une grande satisfaction de ce que je vis actuellement : nous allons ma femme et moi vers quelque chose de relativement ouvert. Toutes nos activités vont en s'approfondissant, en s'enrichissant. Pour moi cela a été une vraie découverte, je n'y croyais pas, je ne pensais pas arriver à cela.*

Alors que je cherchais à ne pas perdre un potentiel que j'avais, au mieux à le conserver, je me rends compte qu'il se développe.

Sur le plan des rapports humains, ce que je vis aujourd'hui est bien plus riche que ce que j'ai vécu durant ma vie professionnelle. ***La vie professionnelle est très réductrice****, ce sont des rapports hiérarchiques, superficiels, on joue des rôles. Parfois il y a des rencontres plus profondes mais c'est un cas d'exception.*

Tandis que là, comme il n'y a pas d'objectifs, il y a des choses qui apparaissent qu'on ne soupçonnait pas*, je ne pensais pas trouver ces amitiés.*

Ce n'est pas quelque chose de contraignant, on se rencontre une fois par mois, parfois on rate un rendez-vous, mais on se retrouve au bout de deux mois comme si on s'était quitté la veille, il y a une chaude ambiance.

J'ai toujours été un solitaire, il a fallu se battre et je me suis battu. Se battre, c'est ne pas avoir le temps, je me suis battu seul, jusqu'à ce que je rencontre une écurie.

J'avais donc un certain profil de gars un peu méfiant, dur, isolé. La vie professionnelle ne fait pas de cadeaux, les croche-pieds pleuvent, ce n'est pas un contexte qui vous amène à vous ouvrir, les protections étaient là. J'étais plutôt réservé, fermé. ***Alors que maintenant, il n'y a plus d'enjeu, plus de besoin de protection, la carapace tombe et l'ouverture se fait.***

Notre retraite n'est pas très structurée, ***on fait de l'association d'idées****, ça marche comme ça. Sans projet de vie clair, nous découvrons la profondeur et la richesse de la vie tous les jours. »*

Dans cette ouverture, le risque de dispersion est grand, la définition des ancrages est d'autant plus nécessaire.

« Juste après la retraite, j'avais le sentiment de me disperser et de ne pas aller à l'essentiel. N'ayant pas de problèmes financiers, j'ai envoyé des chèques à de nombreuses associations, mais sans avoir le temps de m'investir. Aujourd'hui, j'ai besoin de me recentrer, de retrouver mon "Chi" pour être plus disponible pour les autres. Si on se disperse trop dans le monde actuel, on est ballotté.

J'ai la chance d'avoir des points d'ancrage forts : famille, amis, mais je dois apprendre à construire des barrières pour, quand on me sollicite, ***apprendre à dire non pour que mes oui soient plus constructifs****.*

À l'âge de la retraite, je ne veux plus subir, ce qui oblige à un recentrage sur soi : de quoi ai-je envie pour moi ? »

SE PRÉPARER : *la direction de vie*

Pour éviter d'avoir à guérir de trop de regrets, se préparer à être, à vivre, à aimer mieux et autrement contribue à poser une direction à sa vie.

L'idéal est que cette préparation commence au début de la vie active plutôt qu'au nitan de la retraite !

Encore plus idéal, qu'elle soit inculquée dès le primaire et tout au long du cycle d'enseignement, université incluse. **Une génération suffira alors à concevoir un monde différent.**

Parler de direction de vie est associé pour beaucoup à tendre sa volonté vers un but. La volonté est un outil merveilleux de constance et de persévérance dans le temps. Mais trop souvent elle veut passer en force, imposant une tension et une dureté là où la vie met naturellement de la grâce et de la légèreté. Ne pas oublier que la volonté est au service de la vie, non le contraire.

Quelques conseils de seniors… « *Avoir des activités culturelles, artistiques, techniques mais créatives le plus tôt possible, même modestes, qui prendront le relais le moment venu…* », « *Bâtir un projet à facettes multiples pour être sûr que certains se réaliseront ! »… « Y réfléchir suffisamment longtemps à l'avance. », « Prévoir des moyens financiers corrects ! », « Un projet réussi est un projet construit à l'avance, en phase avec ses souhaits et ne rencontrant pas d'obstacles financiers ! »*

INSTANT PRÉSENT ET PRÉSENCE À L'INSTANT : *la libération des projections !*

La tendance occidentale est de se raccrocher fébrilement au passé, à la mémoire et de se projeter sans cesse dans un futur incertain.

L'équilibre n'est ni en arrière ni en avant mais dans l'instantanéité !

La culture de la présence à l'instant est un nouveau rapport au temps à installer dans nos vies.

L'arrière sclérose, retient et immobilise, la majorité s'y fossilise.

S'il a été heureux, le passé devient une nostalgie perpétuellement idéalisée et fantasmatique. Nourrie quotidiennement par les souvenirs, il se substitue au présent et devient intrusif.

S'il a été difficile, malheureux, la bulle de souffrance que l'être entretient interfère constamment avec la réalité de l'instant présent.

Ainsi les peuples dits « de la mémoire » se projettent-ils eux-mêmes dans une réactivation incessante de la souffrance… il n'est donc aucune voie de guérison, d'évolution ni de transformation possible !

Le futur trompe. Pourquoi anticiper quelque chose qui ne se déroulera jamais comme on le décide. La projection constante dans le futur est illusoire et conduit inévitablement à l'insatisfaction.

Courir entre le passé et le futur court-circuite la seule réalité qui est à vivre : celle de l'instant présent.

Ces deux états d'illusions sont régis par le mental alors que l'instant engage la totalité de notre présence, corps, émotion et être profond.

L'instant présent est un espace de pure création que l'on peut poursuivre dans l'infinitude de chaque instant : là est la vie et son libre déploiement.

Le passé et le futur ne sont que des constructions mentales auxquelles on s'accroche… **faute de vivre** ! Constatez : c'est là que vivent la majorité !

L'instant présent relève de la **présence à soi**, de la vigilance intérieure, de l'ancrage à la réalité. Je suis là et je vis pleinement, en conscience, ce qui est.

Il met en contact avec **l'essence de l'existence**, avec l'être.

Entrer dans la présence de l'instant demande un certain travail quand on a passé sa vie à se laisser régir et absorber par les agitations du mental.

Mais plus l'on s'y glisse, plus la fluidité de la vie se manifeste, et avec la fluidité, les synchronicités complices et magiques.

La complaisance au passé et au futur est l'une des conduites de fuite très développée dans le monde occidental.

Les seniors qui font l'expérience de l'instant réapprennent **l'intensité**, elle aussi aux oubliettes depuis longtemps.

« *Projeter n'est qu'une contrainte de plus qui ne sert à rien : les choses ne se passent jamais comme on l'aurait voulu* », « *Vivre ici et maintenant, dans le présent. Chaque instant est précieux, même s'il semble insignifiant au regard de l'éternité* », « *Vivre d'instant en instant dans la vacuité du mental et la sérénité du psychisme* », « *Mon projet de vie se réalise chaque jour que je vis intensément, en toute confiance, avec joie, selon les circonstances et les rencontres* ».

L'aptitude à vivre toujours plus dans l'instant présent est un indicateur de **fluidité**, donc de liberté intérieure et de joie.

Ainsi retrouve-t-on le temps pour soi, pour l'autre, pour la création, pour l'univers. Mais **ce temps est ouvert, multiple, affranchi de sa linéarité**.

C'est dans la qualité de l'instant présent que l'on peut alors s'exercer à la vision d'un futur, comme un grand jeu de création et d'ouverture, non comme une stratégie volontaire de l'ego. La projection dans le futur est le plus souvent mentale, cerveau gauche alors que l'exercice de la vision intérieure comme ont pu le faire les grands créateurs de notre humanité s'appuie sur l'aptitude à voyager intérieurement.

OSER ET AGIR : ***réveiller le héros endormi***

En redécouvrant l'aspiration à vivre pleinement, le senior réapprend le plaisir de tenir les commandes de sa vie, après en avoir subi la plus grande partie.

Là encore, pour passer de subir à tenir, il faut un apprentissage. Comme le dit une amie quadra, « *J'ai du mal avec le terme de projet de vie car j'ai plus l'impression de subir ma vie que de la piloter aujourd'hui !* »

Oser se remettre à plat, oser transgresser ses propres interdits et limitations, oser se tromper, oser dépasser les *a priori* de la société, oser se donner les moyens de réaliser son rêve, oser rencontrer ses talents, oser se faire plaisir dans une société qui se libère difficilement de la culpabilité judéo-chrétienne et d'un modèle de soumission… sont autant de passages difficiles et libérateurs. Pour apprendre à marcher, combien de fois l'enfant tombe-t-il !

La prise de risque pour vivre sa légende personnelle mérite bien de tels efforts et les seniors en sont parfaitement conscients, comme en témoignent leurs remarques très radicales.

« Ne pas hésiter à se fourvoyer plutôt que de mettre un frein à ses désirs sous prétexte qu'avec l'âge on doit être raisonnable ! », « Savoir faire le point sur les activités passées et savoir prendre des risques dans une nouvelle vie », « Faire ce que je m'étais interdit », « Être capable de tout remettre en question... », « Aller de l'avant au-delà des principes moraux, des préjugés », « Avoir la force de se tromper dans son choix plutôt que dans le choix d'un autre », « Oser aller au-delà de tous pour réaliser un rêve, quel qu'il soit. Notre vie est unique et nous appartient et non pas aux enfants ni au mari ! », « Suivre ses propres désirs, même les plus fous, cela ne se conseille pas, c'est une pulsion de vie que l'on a ou pas ».

Oser et agir mobilisent des qualités de détermination régulièrement émoussées par les limitations que la société et nous-mêmes posons sur ce que l'on entreprend.

L'audace est le fait du héros qui va la puiser dans ses ressources intérieures.

Alors, c'est le moment rêvé pour vous seniors, car **vous êtes tous des héros endormis**.

Il est temps de vous réveiller et de vous émerveiller de votre potentiel à peine entamé… **sinon quand ?**

ÉMERVEILLE-TOI SANS FIN :
la culture du miracle

Celui qui s'émerveille de tout entre dans la magie de la réalité. Hélène, mon amie libanaise partie cette année 2005, après avoir traversé nombre d'épreuves aggravées par la longue guerre du Liban, regardait chaque nouveau jour avec les yeux d'une enfant émerveillée. Elle rendait grâce quotidiennement pour le mystère et la puissance de la vie. Une capacité, un talent, un art encore rarement développé en Occident.

C'est pourtant l'une des portes du bonheur.

L'émerveillement n'est nullement la preuve d'une insensibilité aux souffrances souvent démoniaques que l'homme inflige à l'homme - et non Dieu à l'humain comme trop le croient. Ses yeux étaient grands ouverts à cette peine de l'humanité et elle en pleurait souvent. Mais elle regardait ailleurs, dans la magie de la vie, au-delà des tourments et drames que l'homme sait si bien scénariser.

Elle avait compris, dans sa grande ouverture de cœur, que l'essence même de la vie n'est pas cela, n'est pas cette habile dramaturgie médiatique, ni ce parti pris de séparer l'ombre de la lumière et d'entretenir la dualité.

Il suffit de regarder la nuit étoilée, de sourire au soleil et à la lune, de contempler les planètes, d'écouter les oiseaux chanter, de regarder la beauté des fleurs et leur constance de saison en saison pour savoir, par la voie du cœur et de l'intuition, que seul l'humain échappe à cette merveilleuse harmonie, que seul il abîme la beauté, que seul il ne connaît pas le respect, que seul il s'enlise dans sa longue absence à lui-même.

Il suffit souvent d'un regard complice dans la rue pour ressentir que tout est bien autre que ce que l'on veut nous faire croire et nous prouver.

L'émerveillement est à installer dans cet interstice qui nous fait sursauter : mais si ce n'était pas ce que l'on nous dit…

Essayez !

Écoutez : « *c'est me réveiller neuve chaque matin* », « *Me laisser surprendre, m'émerveiller !* »

Alors il sera simple de penser à la retraite comme à une chance, un départ pour une nouvelle étape de la vie.

La vision d'avenir peut ouvrir selon nos choix sur la splendeur ou sur l'effroi.

Choisir le meilleur relève du libre arbitre de chacun.

Alors le monde changera, alors le monde se conformera à la nouvelle vision de la réalité et laissera à la corbeille l'hypnose du drame et du malheur.

Et si les miracles ne dépendaient que de nous ? Ne croyez personne d'autre que vous, ni moi ni les autres. **Faites simplement l'expérience !** Est-ce trop vous demander ?

Le lit des valeurs

La culture et la pratique des commandements intérieurs, l'entretien vigilant d'un état d'esprit propice, sont la condition pour que les valeurs éternelles de l'humain puissent retrouver leur lit majeur, détourné durant quelques millénaires ! L'application quotidienne des valeurs dans sa vie aide à construire son « tube lumineux » comme le disent les énergéticiens.

Alors que les sociétés occidentales vivent sur le mode exclusivement horizontal de la matière, il est l'heure de réintroduire **l'axe vertical** dans nos vies.

Cette **colonne de valeurs** aide à prendre du recul, s'alléger de la force d'inertie matérialiste et retrouver sa dimension d'esprit, régisseur de la matière.

Cet axe vertical est l'instrument de notre réinsertion dans une perspective cosmique, bien autrement mobilisatrice que la décadence consommatoire des sociétés actuelles.

La liberté intérieure

« À travers la recherche, la réflexion, la méditation, l'écriture, l'argile, résister aux multiples oppressions des médias, partis, idéologies, patrons… »

Le plus souvent identifiés au plan horizontal - métier, famille, divertissement, obligations quotidiennes -, la majorité des individus vivent exclusivement sur le mode des besoins. Il en résulte qu'ils ne sont pas libres. Libres de penser, libres de créer, libres d'être.

Retrouver et reprendre sa liberté intérieure, ses espaces de liberté, minimise le poids des contraintes et aide à sortir la tête hors de l'eau ou du sac, selon la triste expression.

Certes, l'expérience terrestre est faite de problèmes à résoudre, de chaînes à dénouer. Mais vous n'êtes pas que cela, vous êtes aussi cette liberté à être, profondément anesthésiée chez la plupart.

C'est ainsi que l'on peut se détacher progressivement de la coloration de souffrance de beaucoup de situations terrestres.

Prendre du recul vis-à-vis des multiples systèmes d'asservissement : medias, idéologies politiques, religieuses, pour se donner des espaces de liberté toujours plus grands. Redevenir les êtres libres que nous sommes.

Une fois sa liberté intérieure restaurée, alors seulement peut-on voir clairement l'orientation la plus juste pour soi.

La liberté intérieure devient alors la liberté de choisir. Et avec, vient la détermination nécessaire pour concrétiser ce choix dans la vie.

La vie active est marquée par de nombreuses dépendances liées aux questions de société, à la précarité, au stress, au chômage, aux employeurs, au manque de temps...

L'une des grâces de la retraite est la liberté : choisir ce que l'on veut faire, faire ce que l'on veut, décider pour soi, de façon autonome, oser dire : « *c'est moi qui choisis* ».

Bien sûr, cette grâce peut être amputée si le porte monnaie est aux trois quarts vide, la liberté de choix étant alors restreinte.

De plus, si elle n'a pas été préparée, la liberté aussi est un apprentissage qui peut être long et erratique. « *Je n'avais pas de projet particulier. Quand j'ai pris ma retraite, ma première idée a été la liberté, après ce fut la dispersion et ensuite il a fallu recentrer !* » Mais elle en vaut la peine !

LA CONFIANCE

Dans ce monde intérieur que vous vous réappropriez lentement, la confiance est un atout puissant. Plus qu'un état d'esprit, elle est une valeur qui permet de partager, d'échanger, d'avancer sans craindre d'être trahi, volé, perdant.

La confiance est à la base de la seule attitude qui vaille - à ce jour quasiment inexistante - : la relation gagnant gagnant.

Selon leurs tempéraments et leurs conditionnements, beaucoup se retrouvent dans les camps opposés du gagnant ou du perdant, du bourreau ou de la victime, du loup ou de l'agneau.

Ceux qui se posent dans la confiance en la vie développent l'attitude gagnant-gagnant.

Ce qui me sert sert l'autre, ce qui me fait progresser fait progresser l'autre, le bénéfice que mon partenaire retire de telle transaction est aussi mon bénéfice.

Toute autre relation est névrotique car fondée sur la peur de perdre, la peur de manquer, la peur de ne pas être… C'est dire combien nous sommes encore loin du compte.

C'est pourtant la voie et la condition d'une prochaine société fondée non sur la peur d'être dupé ou le besoin de profiter et d'exploiter - le schéma actuel - mais sur une fraternité consistant à partager les bienfaits.

La confiance est parfois l'acceptation de ce qui ne peut être évité.

« *J'ai confiance dans un avenir toujours ouvert jusqu'à la fin de la vie.* » Faire confiance à la vie : elle est telle que nous la voyons, si nous restons à l'écoute, elle saura utiliser notre bonne volonté, car de toute façon elle a besoin de chacun de nous pour s'expanser.

LA JOIE

Elle est contagieuse, comme le malheur et le pessimisme le sont encore trop souvent.

Joie de vivre, joie d'aimer, joie de partager, joie de créer, joie de passer de l'humain enfermé et dépendant au supra humain rayonnant que nous portons tous en nous.

Elle accompagne les petits comme les grands moments, elle explose comme un rayon de soleil chez les enfants, elle se perd chez les adultes, elle se retrouve parfois chez les seniors qui ont fait le tour de la question !

Elle est une immense vague d'énergie qui passe le relais à chaque instant.

Il ne tient qu'à soi de ne pas laisser retomber l'occasion de se réjouir. La joie est dans le jouir de chaque instant et aspect de la vie, là où elle est harmonie, humour, amour, beauté.

Alors que le plaisir est impermanent et fugace, la joie aime à s'installer et à prendre ses quartiers d'amitié en votre être.

La joie est la plus merveilleuse des amies, elle se contente de la place de votre cœur ! Ça lui suffit !

LA BEAUTÉ

Combien est-elle méconnue aujourd'hui.

Le discours sur la beauté s'est substitué à sa présence. Il en résulte que plus personne ne sait où elle se cache, ni ce qu'elle recouvre.

Longtemps confinée au monde élitiste de l'art, la beauté échappe à toute étiquette et se trouve dans les endroits les plus insolites, comme le révèlent les photographes reporters qui vont la traquer sur le tas d'immondices où jouent des enfants, ou dans la poussière d'une rue sale et surpeuplée d'Inde.

La beauté n'est pas dans la seule perfection d'un visage et d'un corps - encore que ce soit un véritable agrément du regard.

La beauté surprend, émanant de l'intérieur autant que du cœur de la galaxie ou de l'univers.

Le cosmos est sa demeure, du scintillant météore à la dune de sable, du scarabée doré au petit crabe rose ou au grand pogonophore des fonds abyssaux.

Elle est dans les coulées de basalte noires, dans les sommets étincelants de neige, dans le petit galet qui finit de s'user dans notre poche ou notre sac.

Jamais figée, toujours vivante, la beauté est tout sauf formelle, elle irradie sans que l'on sache d'où ni pourquoi.

Elle est sœur de la contemplation et de la joie.

Elle invite à prendre part à l'éternité.

Elle est l'une des valeurs qui élèvent et laissent entrevoir l'éternité : *« cultiver la relation à la beauté, à l'infini, méditer et contempler... M'affirmer en tant qu'être pour laisser une trace : un livre, un vase, des souvenirs, et délimiter ainsi mon* ***territoire d'éternité****. »*

Nourrir le sens de la beauté et cultiver un état d'esprit positif peuvent renforcer l'estime de soi.

Pour ceux qui sont dans la conviction qu'ils ne sont pas capables, ou qui se sentent écrasés par les épreuves de la vie, il est essentiel d'engager un travail de reconstruction de l'estime de soi, un travail de résilience. Et la beauté peut être l'une des clés encore inexploitée dans notre société,

confinée dans des musées qui détiennent une vision limitée, élitiste, formaliste, érudite, conceptuelle et souvent stérile du beau.

Cette senior qui concilie activité sociale et sensibilité artistique utilise la beauté dans son quotidien professionnel. Le sens universel, simple et harmonieux qu'elle lui donne est plus juste que bien des discours qui se sont écrits depuis des décennies… peut-être simplement car **elle relie la beauté au cœur et à la vie**, sans la confiner dans l'artifice d'une salle d'exposition.

« *Je suis fascinée par la beauté, la beauté de la nature, d'un papillon, d'un insecte, d'une fleur, je pense qu'il nous est donné un environnement magnifique, qu'on ne sait pas en profiter et qu'au contraire on l'abîme.*

Je porte naturellement toutes les choses vers la beauté et l'harmonie.

Un ami m'avait dit : vous avez le don de rendre beau des choses infimes. Étant musicienne, ***je me mets au diapason, dans la même tessiture*** *que la personne, et la confiance s'établit très vite quel que soit l'âge, le parcours.*

*Quand j'accueille des personnes en difficulté, je n'ai pas d'*a priori *et je leur dis : racontez-moi ce que vous avez fait de beau dans votre parcours. Leur visage s'éclaire, même s'il y a de grandes détresses. Ils se sentent écoutés, prennent du recul, font un petit bilan des choses positives de leur vie.*

Je les amène à comprendre qu'il leur faut exploiter, réutiliser cela, puisqu'ils ont été bons dans telle situation. C'est très important de positiver, redonner confiance à ceux qui n'y croient plus, en leur disant : on peut rebondir à tout âge, ne perdez pas espoir, la vie est pleine de rebondissements et de beauté. »

LA PAIX, LA SÉRÉNITE ou SAGESSE

« *Être en paix est la résultante de plein de choses qui se sont bien placées tout au long de la vie.* »

Celui qui l'atteint a accompli son exploration d'humain, il a su en extraire la quintessence. Il peut alors envisager sans peur la fin de la vie.

Savoir se retirer n'est pas se démettre de soi. C'est simplement contacter une dimension de soi raréfiée, purifiée, qui n'est pas le quotidien de la vie terrestre mais appartient aux hauteurs éternelles.

Comme me disait un retraité violoniste et architecte d'intérieur, « *retraite = retrait : c'est accepter de sortir des projecteurs, être plus disponible, savoir dire non pour ne pas s'éparpiller* ».

Et un autre, écrivain et philosophe : « *le projet de vie est une nécessité pendant longtemps pour se remplir, se stimuler et survivre, mais il peut devenir une entrave à être lorsque arrive l'heure de la Grande Faucheuse* ».

La sérénité, c’est être conscient que la vie évolue et que chaque période est riche de potentialités extérieures et intérieures.

La vie active aime l’excitation et l’impermanence passionnelle des actions extérieures.

La sagesse qui les a toutes expérimentées sait se fondre dans le rythme de l’océan, se glisser dans le vol d’un oiseau, prendre de l’altitude jusqu’à plonger dans le cœur ardent du soleil et s’y baigner.

Les outsiders

Il y a un au-delà des valeurs. J’y place trois outsiders, tous inclus dans les valeurs mais les englobant et leur donnant peut-être leur raison d’être !

HARMONIE

L’harmonia grec est l’assemblage.

L’enchaînement des accords représentés par chaque valeur, ainsi que par les états d’esprit propices donne une note, une tonalité harmonieuse.

La pratique simultanée des valeurs citées permet de faire vivre et vibrer ensemble et mélodieusement chaque corde de l’être que nous sommes.

À l’apport et à la proportion de chaque composant se surajoutent l’unité de l’ensemble et un sentiment de beauté.

Certaines vies, certains êtres sont plus proches que d'autres de manifester les lois de l'harmonie.

Un projet de vie peut y conduire s'il utilise les voies évoquées ci-dessus.

SENS

Si la quête du sens est un moteur aussi puissant que celui des émotions pour évoluer et progresser, l'éclairage du sens de sa vie est un merveilleux cadeau, indissociable du bonheur.

« Le véritable sens d'un projet de vie n'est-il pas de pouvoir donner un sens à la vie. Avoir la conviction profonde de n'avoir pas vécu pour rien, être resté debout, libre... »

Le sens donne sa cohérence à tout ce qui a été vécu, épreuves comme joie.

Le sens retisse le tissu de vie, la trame cosmique dans laquelle nous nous débattons plus souvent que nous n'y vivons.

Sans le sens, la direction intérieure, le projet de soi demeure illisible.

Mais il faut parfois tracer un projet dans le brouillard pour rencontrer le sens et sa lumière.

Le sens nous renvoie à la lumière de la conscience. Alors, tout est dans la dilatation de la joie et la tranquillité de la paix.

Alors, l'état de bonheur peut éclairer le sens de la vie.

« *Il est temps de donner son plein sens à ce temps particulier qu'est la retraite* », me dit le fondateur de la *Lettre Échanges.*

« *L'approche philosophique de ce temps n'a pas une bonne image : il faut en parler autrement, ne pas le considérer comme une fin de vie mais comme un temps très riche pour donner un nouveau sens à sa vie.* ***Ce temps nous est offert pour compléter tout ce qu'on aurait aimé faire et qu'on n'a pas pu faire. On peut recueillir les fruits de tout ce qu'on a vécu pour le transcender et en faire quelque chose de merveilleux.*** »

La majorité des hommes est encore démunie car vivant exclusivement sur le mode de la matière.

Les questions du sens, de la transcendance, les interrogations sur les mystères de la vie, de la vie après la mort, du cosmos font entrer dans la verticalité.

« *Je dis souvent à des amis retraités qui s'interrogent sur leur avenir : Tu as voulu dans un premier temps, tu as eu dans un deuxième temps, tu te poses maintenant la question : que vas-tu aimer.* ***Tu ne vas pas avoir plus, tu ne vas plus vouloir plus, alors qu'est-ce qui va t'intéresser réellement ?*** »

BONHEUR

« *Le bonheur des proches et la réussite des enfants sont mon bonheur* », « *Bien vivre aujourd'hui en étant heureux d'hier et tout attendre de demain* », « *Ma retraite sera réussie si je suis heureuse* », « *J'ai vite réalisé que mon bonheur ne dépendait pas des choses extérieures ni des êtres mais qu'il était individuel et à l'intérieur* ».

Cette aspiration et ce questionnement sont au centre de cette période de la vie. Mais qu'est-ce que le bonheur ? À quel état l'associer ? Qu'est-ce qui le favorise ?

Des mots-clés comme paix, amour, équilibre, partage, renouveau, intériorité, recentrage sur une source intérieure, fierté de ce que l'on a fait de sa vie… définissent les facettes infinies du bonheur.

La construction des valeurs et de l'état d'esprit amène inévitablement au bonheur.

Quelques témoignages sur ce jardin secret dont chacun est grandement responsable, plus qu'il ne le croit.

« *Le bonheur est l'idée d'une nouvelle vie. On entend dire avec la retraite : ça va aller en déclinant. Alors c'est le moment pour créer quelque chose de nouveau, de différent. Le bonheur est toujours par rapport à soi-même, ce n'est pas de l'égoïsme mais la réalisation de soi.* »

« *Je crois que le bonheur, c'est partager, trouver l'équilibre. Lorsque l'on se réalise vraiment dans ce pour quoi l'on est fait, c'est du bonheur, c'est ça le bonheur.* ***Le bonheur n'est pas de posséder, c'est être riche en soi-même.*** *C'est pourquoi je ne m'inquiète pas pour ma retraite car j'ai tant de richesse en moi, je m'intéresse à tant de choses. Le bonheur, c'est aussi la création.* »

« *La première chose est d'être en paix avec soi-même. LA PAIX. Des personnes pleines de remords, de regrets qui ont l'impression qu'elles ont manqué quelque chose et qui restent là-dessus, ne peuvent pas être heureuses. Mais si un jour je ne peux plus bouger, je ne sais pas si je pourrais rester en paix avec moi-même.*

Aujourd'hui, une des conditions de la paix avec moi-même est de me dire à la fin de la journée, que j'ai accompli tout ce que je m'étais promis de faire.

Dans quelle mesure la souffrance physique n'éteint-elle pas toute possibilité de bonheur ? Tant qu'on n'y a pas été confronté, on ne peut répondre. Ceux qui ont un grand handicap sont rassemblés sur leur souffrance, il n'y a plus rien d'autre.

L'autre condition du bonheur me paraît être l'amour, se sentir aimé, le partage d'amour à tous les niveaux. »

« *J'ai entendu quelqu'un dire que le grand bonheur n'existe pas et que la vie est faite d'une somme de petits bonheurs. C'est aussi bien un bon whisky au coin du feu, un bon bouquin, le plaisir d'être avec son petit-fils, de le faire travailler et à un moment on sent que ça marche, ce sont des moments de grâce : c'est ça pour moi le bonheur.* »

S'il existe autant d'expressions du bonheur que d'êtres, pour beaucoup de retraités, la perception du bonheur s'affine jusqu'à coïncider avec l'expérience de l'instant présent.

« Le bonheur, j'y ai toujours pensé, notre génération avait une quête du bonheur y compris dans la vie active. Quand on vieillit, cette quête prend un sens différent.

En ce qui me concerne, j'ai pris conscience de bien vivre pleinement l'instant présent. Il y a des bonheurs qui passent, il faut savoir les cueillir, et souvent on est parasité par son passé. Vivons l'instant présent pleinement, c'est ce que j'ai appris.

Je suis beaucoup plus sensible à des choses auxquelles je ne faisais pas attention avant : je me lève le matin, s'il y a un rayon de soleil, je vais prendre le temps de goûter cet instant dans mon jardin.

Avant je me serais levé comme une bête, j'aurais pris mon café et serais parti travailler sans un regard.

Cela m'a permis de découvrir d'autres facettes de l'existence que j'ignorais.

Quand on travaille, on est sur des rythmes très précis, on part tôt, on rentre tard et il y a tout un pan de vie qu'on ne connaît pas. J'ai commencé à découvrir ces aspects dans la journée, j'ai vu comment une ville vivait, comment ma rue vivait. Je vais faire les courses, je découvre les commerçants, discute avec eux, pendant que le cantonnier passe pour enlever les feuilles, toutes ces petites choses qui font la vie.

Lorsqu'on travaille, il nous semble que le monde est centré sur le travail alors que c'est faux, il y a tout le reste ! **»**

« *J'ai toujours eu une facilité à vivre dans l'instant présent, donc je suis quelqu'un d'heureux, parce que je me nourris des petits bonheurs de la vie. Il y a très longtemps que je n'ai pas ressassé de vieux trucs, donc je suis heureuse !* »

Le bonheur est comme l'amour.

La cerise sur le gâteau est l'état de bonheur !

Comme l'amour, il est transversal à chaque valeur, à chaque attitude propice.

Comme l'amour, il ne se commande pas mais choisit sa demeure.

Il peut s'installer là où on ne l'attend pas, là où il est honoré discrètement, quand sonne la bonne heure.

Il peut donner un aperçu de son essence et se retirer jusqu'à ce qu'on le retrouve un peu plus haut, un peu plus loin.

Au vu de la nature et du cosmos, il est inhérent à la vie qui elle-même procède de l'amour et de la lumière.

À condition de ne pas le perdre dans le regard réducteur physico-chimique qui ne révèlera jamais sa présence !

Il n'y a rien à dire sur le bonheur, juste à le vivre, car il est un état de conscience, lorsque la paix s'est posée.

Clés de vie...

ou esquisse de Charte du Bonheur ?

« Le potentiel de la vie excède infiniment nos représentations. »
Frank Hatem

En réponse aux questions posées dans cet ouvrage, quelques clés de compréhension sur cet art qu'est la vie !

La vie est **évolution, changement**. Comme le roseau qui plie mais ne rompt, la flexibilité est un atout d'adaptation. Inversement, la cristallisation dans des comportements rigides, passéistes, marque l'inadaptation et annonce la traversée de situations de rupture à plus ou moins court terme, qu'il s'agisse du domaine affectif, professionnel, social, créatif...

L'adaptabilité à des environnements toujours changeants est une première clé. Elle nécessite de faire évoluer les réflexes, mécanismes mentaux qui freinent cette adaptabilité, pour en intégrer d'autres plus appropriés. Être à l'écoute des événements, des êtres, de soi-même, entendre les messages qu'ils donnent, saisir les opportunités qui se présentent, savoir s'ouvrir. **Souplesse et tolérance.**

La vie est **interaction** de micro et macro réseaux, écosystème dont tous les acteurs sont solidaires.

S'isoler, c'est se condamner à la survie.

Dominer, c'est se condamner à être dépossédé pour avoir voulu déposséder les autres.

Glisser dans ces interactions quotidiennes est une seconde clé, comme dans une vague de surf. Elle demande de ne pas se laisser engloutir par la vague, de ne pas se laisser envahir par la peur tout en se laissant porter par le courant. **Fluidité.**

La vie appelle **la prise de risque, l'engagement, l'autonomie**, qui eux-mêmes supposent une réflexion approfondie. Avant de décider et d'agir, se connaître est la troisième clé. La clé de l'Être ouvre la porte de la conscience, de la liberté, de la responsabilité individuelle. **Conscience de soi et confiance en soi.**

Se connaître c'est devenir **responsable**. Assumer les conséquences de ses actes, de ses gestes, de ses choix, de ses paroles, de ses pensées. Se responsabiliser par rapport à l'origine des choses. Accepter le passé subi et se responsabiliser dans son présent, pour être maître de son futur. **Acceptation et action.**

Indissociable de la responsabilisation, **la remise en question quotidienne** est nécessaire. Celle des actes, des pensées, des paroles du jour, avec réajustement par rapport à l'objectif.

Persévérance, honnêteté avec soi et continuité !

L'Être appelle le **sens** et la **cohérence** dans les discontinuités et les incompréhensions d'apparence. Sens et cohérence sont constitutifs du noyau de l'être, non de la surface, de l'intériorité, non de l'extériorité. Ils guident la trajectoire personnelle, nourrissent la vision intérieure, conduisent à la mission propre. Retrouver en soi la source du sens et de la cohérence intérieure est la sixième clé. Détenir cette clé est un passeport pour traverser avec confiance tout type de situation sans se perdre ni se détruire. **Source.**

Nous sommes fondamentalement des êtres de partage et de solidarité. Aider l'autre, c'est s'aider. **Fraternité et ouverture.**

Celui qui ne s'aime pas ne peut **aimer** l'autre. S'aimer, c'est être attentif à la nourriture que l'on se donne sur tous les plans : physique, émotionnel, intellectuel, spirituel. Commencer par le respect de soi rendra plus facile le respect et l'acceptation de l'autre. **Respect.**

La terre est une, l'humanité est une.
Nous sommes un. Unité, universalité.

Ces clés sont universelles, pourtant, chacune sera interprétée de façon unique et différente par chacun de vous. Il n'y a ni recettes, ni modèles, ni systèmes d'influence, **juste être soi**.

CHAPITRE 15

SENIORS : LES OUVREURS DE CONSCIENCE ET DE SENS

Réinvestissement, épanouissement et développement personnel, engagement associatif, transmission… le senior est le passeur pour une société plus qualitative et plus sage. L'âge devient alors un atout en vue d'un accomplissement de soi, non un problème.

Alors que la vie active est centrée principalement sur le faire, le temps de la retraite est la bonne heure pour passer du faire à la création de sa vie, du faire au faire sens.

Une fois établie la reconnection avec l'être intérieur, les formes d'expression sont illimitées. Qu'importe l'activité, le principal étant de s'inscrire dans une dynamique créative et ouverte, de maintenir une implication, de déployer qui l'on est, et de se libérer à jamais des rôles et des masques.

La voie de l'expérience, du partage et de l'action

« Avoir des activités créatives épanouissantes... S'adonner à ses penchants créatifs... Conserver des centres d'intérêt en nombre suffisant... Continuer à se former... Découvrir et apprendre des choses nouvelles, inconnues... Mettre au mieux en œuvre les talents que l'on a... S'occuper des jeunes... »

Il appartient à chacun de composer sa vie comme une partition de musique, à son tempo et avec ce que l'on aime.

Savoir aimer et savoir être

L'apport premier des seniors se situe à deux niveaux. Un apport de **tendresse**, de **réconfort**, de **compréhension** que les enfants ne trouvent pas chez les parents. « *Les parents sont dans la vie active, et n'ont pas la disponibilité. Nous avons la disponibilité et l'ouverture. Il m'a bien fallu lire* Harry Potter *pour discuter avec nos petits-enfants, il faut apprendre à être grand-parent. Au début on ne sait pas par quel bout les prendre, petit à petit, une relation se crée. Ici ils ont leur chambre, leur ours, leurs chaussures, ils arrivent, ils sont chez eux. La relation avec eux se construit plus à chaque fois. Ils ont besoin non pas d'affectivité car leurs parents la leur manifestent, mais d'**une expérience**, on discute avec eux de sujets différents, on explique, on raconte, ça les marque, ils sentent une relation de confiance.* »

Et l'apport de qui ils sont. Les petits-enfants profitent du chemin fait, de l'éveil : « *toi tu sais beaucoup de choses, tu me fais du bien* » dit une petite fille à sa grand-mère.

C'est par un échange intergénérationnel que beaucoup de seniors retrouveront une qualité de vie.

Le contact très affectif entre grands-parents et petits-enfants est immédiat et spontané. Les retraités ont peut-être à installer cette qualité d'échange avec les adolescents.

L'apprentissage d'une **découverte réciproque** est à amplifier. Créer un rapport de complicité, discuter, échanger, parler ensemble… Les seniors ont toute capacité pour accompagner les juniors dans les grandes questions universelles : de l'amour à l'existence d'autres formes de vie dans l'univers…

Si jeunesse savait, si vieillesse pouvait… le lien intergénérationnel.

Se consacrer aux petits-enfants et aux juniors est un premier niveau mais la famille de sang n'est pas le tout de la vie ! Les passerelles seniors-juniors peuvent s'ouvrir plus largement à l'intergénérationnel. Riches émotionnellement, elles sont constructives pour chaque âge au travers du partage d'expériences.

« Si jeunesse savait, si vieillesse pouvait… trop de jeunes oublient qu'il faut écouter les aînés pour comprendre la vie : les échanges entre générations sont indispensables.

Les retraités ont besoin de ce contact et envie de donner leur expérience : l'intergénération va commencer à les intéresser et à leur donner un projet de vie. »

La population des seniors **peut offrir beaucoup** mais rencontre souvent l'absence. Juniors et seniors sont plus immédiatement affectifs bien que souvent en grande solitude. Si le besoin existe, l'offre est vaste. « *Il faut éviter de créer des ghettos : les mélanges sont souhaitables. Les maisons de retraite pourraient être à côté de maternelles pour favoriser les échanges* ». Un professeur nous disait : « *Il n'y a rien de plus dramatique que ces enfants qui rentrent à quatre heure à la maison et restent seuls jusqu'à vingt heure, livrés à eux-mêmes. Cet espace de temps pourrait être utilisé, servir de relais bénévole. Ce serait une ouverture à la vie pour de nombreux retraités qui accueilleraient ces enfants une à deux heures. Le résultat serait bénéfique pour tous : le soutien scolaire et la relation.* »

Transmission d'expériences

La retraite a longtemps été la suite logique et le dû du travail.

Aujourd'hui, elle peut être envisagée sous l'angle de la **transmission d'une expérience de vie, d'une connaissance**.

Comment en faire profiter les autres, comment être utile alors qu'on n'est plus en activité, comment conserver un lien ?

Les seniors ont ce désir de partager leur expérience dans une période de rupture de dialogue avec la jeune génération, de démission de la génération des parents « adulescents ».

De l'enfant roi à l'enfant tyran et à l'enfant rebelle, enfants et adolescents sont en pleine crise de repères, s'identifiant à des expériences artificielles, aliénantes, provenant d'un système de consommation dégradant de l'être : marques, consommation, drogue, jeux virtuels, toxicomanie télévisée…

Ils croient être libres mais ne mesurent pas combien ils sont les principaux otages de ces lobbies qui maîtrisent toutes les séductions, au profit de la manipulation invisible des consciences. Plus gravement, les parents sont aussi perdus et déconnectés de la réalité que les enfants.

Seuls les seniors peuvent amener, par le dialogue, cette jeunesse à percevoir l'utilité d'un sens civique, de valeurs de tolérance, de respect… mais aussi à expérimenter l'intériorité. L'être intérieur n'est *addict* à aucune drogue, il n'est pas dépendant de besoins matériels. Il se satisfait d'être en harmonie, en création, en joie.

Entre laxisme parental et répression autoritaire qui cristallisent et amplifient les problèmes, il existe **une place vacante pour les seniors** : *« Encadrer les jeunes, animer des rencontres, se rassembler pour que chacun donne le meilleur de soi. »… « J'aimerais être au service des jeu-*

nes, leur dire que la violence ne sert à rien, leur dire qu'il faut savoir pardonner. Je l'ai fait pour moi : si on ne pardonne pas on ne peut pas avancer dans la vie. »

La longévité des seniors est un phénomène récent, aussi beaucoup n'ont-ils pas pris conscience du temps qui leur reste.

Rien ne résistant à l'entraînement, il est temps de se dire : **j'ai le temps d'apprendre, le temps de transmettre, le temps de construire dans la durée**.

Groupes de parole

Comment passer du projet professionnel au projet de vie sinon en en parlant.

Comment prendre conscience de ses manques, de ses insatisfactions, de ses aspirations, sinon en se confrontant au miroir de l'autre.

Jusqu'où est-on prêt à se confier, à se dévoiler à ses propres yeux et à ceux des autres ?

Pour beaucoup, oser dire est encore un acte difficile voire insurmontable.

La reprise de la parole par « les gens » n'en est qu'à ses débuts mais annonce un phénomène central en ce début du millénaire. **Comme si un déclic invisible avait été donné, celui de s'affirmer individuellement hors de tout modèle imposé.**

Le temps où les multiples instances pouvaient régir nos vies et nous imposer acte d'allégeance se termine. **Nous entrons à l'âge pré-adulte de la libre détermination de soi.**

Nos repères sont encore flous, les expérimentations parfois chaotiques, mais ce mouvement est irréversible autant que libérateur. Aux seniors à démontrer leur puissance de renouveau et de création : point n'est besoin de modèle extérieur : les clés sont en chacun, clés de bonheur, de joie, de paix et de création.

Les partages de moments de vie et d'émotions deviennent ainsi un outil thérapeutique collectif et l'occasion de « leçons du quotidien » profitables tant au narrateur qu'au public. Loin des théorisations, ces témoins que sont les seniors apportent la richesse de l'expérience, du ressenti, du vécu individuel. Par ce brassage d'échanges et de confrontations, se met en place progressivement une culture de la qualité de la vie, de la guérison, de la réalisation de soi.

Cette retraitée de 75 ans raconte ce « dialogue de vie » qu'elle et son mari ont pris le risque d'interpréter pour leurs noces d'or.

« *Nous avons imaginé un dialogue à deux avec des chansons pour les noces d'or : cela a été l'occasion de nous dire publiquement ce qui nous tenait l'un à l'autre devant 75 personnes, grâce aux chansons. Ce fut une longue préparation. Ce n'était pas facile, mais beaucoup nous ont dit : nous ne pourrions jamais faire cela. Nous l'avons fait légèrement grâce aux chansons. Lors de cette célébration, ce fut comme si nous avions remis nos alliances tous les deux.* »

L'apprentissage de la parole est d'autant plus nécessaire que nombre de conjoints se retrouvent seuls. Il n'y a personne à qui parler lorsque l'on n'a pas développé d'autres centres d'intérêt, d'autres lieux de parole, une activité associative.

C'est ainsi que beaucoup se replient, par pudeur, par peur, par fermeture. Le chômage de longue durée et les difficultés matérielles touchant des populations de plus en plus nombreuses, le surcroît de solitude et de silence en est accru.

S'entraîner à parler, témoigner de son expérience, la partager, devient un atout pour élargir son champ relationnel, mais aussi se reconstruire, se réparer.

Parler, c'est évoluer avec le regard, le retour et le miroir des autres, c'est ouvrir sa conscience à d'autres compréhensions : le sens de la vie, la beauté… de belles amitiés se découvrent dans ce contexte.

Le partage d'expériences de vie paraît d'autant plus important dans le cas de personnes ayant traversé des épreuves. « *Si je n'avais pas été licenciée, me dit cette quinqua africaine de 59 ans, au chômage longue durée, je ne pourrais pas avoir les relations que j'ai aujourd'hui et savoir ce que je sais aujourd'hui :* ***la vie ne se limite pas à des***

***promotions, à la hiérarchie, à l'argent**. Cette expérience est une force, une ouverture. Je parle beaucoup avec les gens, je ne suis pas cloîtrée avec ma famille ou les gens de mon pays, je me sens internationale et solidaire.* »

Développer des coopérations créatives et conviviales par le net

L'un des outils de la convivialité et du mode coopératif est Internet. Ces réseaux développent la créativité et favorisent le montage de sujets coopératifs tels qu'écrire un journal à plusieurs. « *Un de mes amis a découvert Internet à 65 ans, a créé un réseau associatif et me met toujours en copie de ses écrits. Tous les jours, à 70 ans, il écrit une demi- page sur ce qui se passe, ce qui le révolte, et ses copains lui répondent. Pour les vétérans, la communication par Internet est aussi un facteur enrichissant.* »

Internet est l'opportunité d'une ouverture, d'une découverte, d'une connaissance autre, de rencontres. Dans ce contexte d'aventure, tout devient possible, on découvre que l'on peut faire de nouvelles choses. Simplement découvrir le monde… pour mieux se découvrir… parfois en restant caché comme le raconte le quadra de mon immeuble !

« Tout ce que les gens n'ont pas osé faire et dire, avec Internet, ils vont désormais oser car ils sont cachés. Pour ceux qui partent à la retraite, le Net est l'opportunité de dire et aussitôt de mesurer l'onde de choc, le retour de ce qu'ils émettent. Ce peut être le début d'une démarche de vérité.

On a aussi envie de découvrir la personne avec qui l'on parle. Beaucoup sont entrés dans la vie active sans avoir eu le choix de leur vie, le choix du boulot, or le Web élargit énormément leurs champs d'intérêt.

Ils se rendent compte que d'autres qu'eux partagent points de vue, pôles d'intérêt, passions, sans être issus du même milieu social. Internet décloisonne, enlève les castes, fluidifie... »

« *Internet ? Nous sommes branchés ADSL ! Mon mari s'est mis à l'informatique, a pris un logiciel pour apprendre à taper dès la retraite en disant : maintenant que je n'ai plus de secrétaire, il faut que je tape ! Moi, je me suis mise à la messagerie car pour mes activités à Amnesty, j'étais obligée !* » témoigne cette retraitée de 75 ans.

Laisser une trace

L'activité des seniors peut être orientée vers la trace que l'on a parfois l'envie de laisser, pour la famille, pour la postérité, pour « ne pas disparaître complètement quand on meurt ». En atteste le développement de livres autobiographiques, témoignages de vies et d'expériences officiellement destinés aux enfants et petits-enfants mais permettant d'abord de se dire, de se raconter et d'être au clair avec sa mémoire !

Partir sur la trace des ancêtres est une autre activité très prisée depuis l'essor de la psychogénéalogie qui étudie les constellations familiales et leurs héritages souvent difficiles à porter et encore plus à dénouer.

Quelle que soit la façon dont on revient à sa propre identité, le principal est de s'interroger sur sa place dans la vie. *« À partir d'un certain âge, l'homme a besoin de ses racines, besoin de retrouver les membres de sa famille, pour avoir une identité, se sentir appartenir à un groupe, à un nom... »*

Remonter dans l'arbre généalogique, faire de la poterie, bricoler, écrire… autant de voies que d'envies et d'individus. « *Écrire tous les jours permet de garder les repères par lesquels on reconstruit un passé, apporte une épaisseur au présent, conserve la richesse de la vie, aide à trouver des harmoniques.* »

Le senior et sa responsabilité dans l'état du monde

À l'approche ou au passage de la retraite, les seniors s'interrogent de plus en plus sur ce qui se passe dans le monde et sur l'avenir : que sera l'être humain demain, quel devenir, quelles erreurs irréversibles avons-nous commises qui engendreront les problèmes de demain.

Leur disponibilité nouvelle permet d'aller plus en profondeur, de rechercher des solutions sur des questions d'environnement, de qualité de vie.

Une fois définis et mis en œuvre les modes d'expressions du projet de vie, le senior peut appliquer son expérience et sa conscience à d'autres niveaux qui l'appellent : le sort et l'évolution de notre planète. Ce n'est là ni utopie ni orgueil !

Les trois coupables

La plupart des gens, seniors inclus, **croient avoir un pouvoir d'influence réduit sur la marche du monde** et les directions prises.

Devant l'état de souffrance du monde actuel, trois réactions sont fréquentes.

La **démission** : je n'y comprends rien et je n'y peux rien, laissons faire les dirigeants puisque leur rôle est de diriger !

La **peur**, l'émotion la plus partagée pour l'heure, face à cet inconnu qui se révèle immaîtrisable. Elle conduit à se retirer dans sa coquille et à rétrécir dramatiquement son champ de vision. Elle anéantit toute compréhension plus large.

Enfin, l'**indifférence** renforcée par un sentiment d'impuissance qui amène au tristement célèbre « *not in my backyard* ». Cet égocentrisme de fond et le repli sur ses « petites affaires » sont une réponse tout aussi fréquente.

Démission, peur et indifférence sont les trois coupables de l'incurie générale qui se manifeste.

Et si l'on se donnait les moyens de comprendre l'origine

de cette folie plutôt que de se limiter aux symptômes ?

Si l'on avait, en chacun de nous, la possibilité d'y remédier ?

Comment ? Certes pas en appliquant la lecture occidentale explicative mais l'intelligence préventive de l'Asie.

L'état du monde est notre reflet

Dans ce processus de retournement de conscience, les seniors ont une carte majeure à jouer.

Ce renversement consiste à dire : l'état du monde est le reflet de nos états intérieurs.

Les conflits, les souffrances et les crises planétaires sont le miroir des conflits, des haines et des crises de croissance qui se passent en chacun de nous, et dans notre entourage proche, familial et professionnel.

Seule change l'échelle mais le principe est identique.

Plutôt que de déplorer ou condamner l'état du monde, pourquoi ne pas s'appliquer, **en conscience**, à un équilibre intérieur et relationnel quotidien, posant en soi harmonie et paix.

Beaucoup diront : jamais un individu ne pourra changer le monde en se changeant !

Les seniors représentent environ **650 millions de personnes de plus de 60 ans dans le monde**, trois fois plus qu'il y a cinquante ans. En 2050, ils seront deux milliards, dont 20 % de plus de 80 ans.

Ils représentent 20 % de la population des régions développées et 8 % de celles des régions en développement. En 2050, ces chiffres seront respectivement de 33 % et 20 %. L'Union européenne est la région du monde qui compte la plus forte proportion de personnes âgées. Dans les vingt années à venir, la proportion des plus de 60 ans devrait passer de **21 % à 34 %**. (Source : *Francoscopie 2001*)

Nous nous rapprochons à grands pas du milliard de seniors, le phénomène de vieillissement étant généralisé à la planète.

Si chaque senior de cette puissante masse devient plus attentif jour après jour à ses émissions psychiques - pensées, émotions - et à ses actes, s'il veille à une autorégulation émotionnelle, s'il développe plus de solidarité et de fraternité dans sa vie, le niveau collectif de détresse, de souffrance, d'égoïsme commencera à baisser. Et surtout l'autre plateau de la balance s'élèvera, celui que l'on ne voit jamais, celui dont la majorité est encore ignorante.

Pour l'heure, tous les regards sont focalisés sur le plateau cataclysmique, un scénario quotidien que les médias prisent particulièrement puisqu'ils y ont un intérêt direct d'AUDIENCE, et les annonceurs et investisseurs un intérêt de PROFIT.

Cette vision est une façon d'entretenir les masses dans un sentiment d'impuissance, associé à une stimulation émotionnelle négative basée sur PEUR et VIOLENCE !

Ce cocktail explosif auquel personne ne croit pouvoir échapper n'est pourtant qu'une part de la réalité, il est loin d'être toute la réalité.

Derrière ce feuilleton émotionnel de sang, de sexe et de haine savamment auto-entretenu, se déroule un tout autre scénario, nourri de millions d'initiatives, de réseaux, de démarches courageuses. Pour l'heure, cet aspect de la réalité est ignoré, anonyme, dangereux… car par l'exemple, il pourrait éveiller à la conscience d'autres millions d'êtres, aussi désireux de s'ouvrir à d'autres propositions de vie mais n'osant pas nager à contre-courant.

Ce qui veut dire que, à l'insu du plus grand nombre, une nouvelle conscience planétaire se met en place.

Qu'en sera-t-il lorsque, à ces magnifiques volontés agissant sans le relais des puissances de communication, s'ajoutera cette fois-ci en toute connaissance, une masse enfin réveillée. Le mouvement s'inversera naturellement et fortement.

Combien de fois n'ai-je pas entendu la fameuse déclaration d'impuissance : « personne ne pourra jamais se changer, le naturel revient toujours au galop ». Tout dépend de quel naturel on parle : si c'est celui de l'ego et de la trilogie instinctive et primaire toujours dominante sexe-pouvoir-argent, certes, il demeurera. Si l'on élève la perspective et le regard, nous sommes fondamentalement des êtres de conscience en évolution permanente. De plus en plus choisiront ce plan, ne trouvant nulle issue dans le triangle infernal millénairement expérimenté par notre humanité. Plutôt que de recycler sans fin ce vieux scénario poussif, changeons de tome et soyons notre propre et unique réalisateur de vie !

Le double pouvoir des seniors

Nous sommes encore dans la situation paradoxale suivante : lorsque l'on s'entretient individuellement avec des êtres extrêmement différents par l'âge, le mode de vie, la culture, le système de croyances, on découvre en chacun une ouverture, un potentiel d'intelligence active, une capacité de fraternité, un désir d'aider tout à fait réels.

Lorsque ces mêmes personnes se retrouvent en petit ou grand groupe, **le phénomène d'agglutination à la pensée dominante joue immédiatement** : elles n'osent plus affirmer qui elles sont par peur ou culpabilité.

Quelle peur ? Le **jugement** et la **marginalisation** induits par une pensée différente.

Ainsi, sous la pression du regard de l'autre, la majorité se démet de ses propres convictions et valeurs.

Seniors avez-vous vécu cinquante, soixante, soixante-dix ans pour continuer à vous **conformer** et à vous laisser conduire comme des enfants inexpérimentés et inconscients ?

Votre double pouvoir est autant celui du nombre que celui, oublié, de l'expression de qui vous êtes par l'être intérieur.

Ce pouvoir de soi consiste à exercer sa volonté et sa vigilance sur sa propre vie, pour la réaligner sur les valeurs, convictions, sens, que le « modèle occidental de croissance » et d'hyperconsommation ont systématiquement enterrés.

Il consiste également, une fois au clair avec soi, à affirmer sa force de pensée et de proposition, sans se laisser annihiler, décourager ni influencer par le système et le discours dominant.

C'est la seule réponse de fond, constructive sur le long terme.

C'est dire à la famille planétaire : je partage tes souffrances et tes joies et à mon niveau, je m'engage à alléger les unes déjà à l'échelle de ma vie et à accueillir et diffuser les autres par l'exemple.

La création de millions de bulles de conscience et de présence à sa vie, dans une perspective collective, porte une puissance phénoménale de résonance planétaire.

Laissons les irréductibles belliqueux s'exterminer entre eux si c'est leur choix. Mais que les choix de respect et d'harmonie de la vie, de sensibilité fraternelle, de conscience solidaire inscrits dans le cœur de milliards d'humains soient enfin respectés et vécus.

Chercher à faire le lien, construire une vision globale, mettre en pratique dans le quotidien cette intelligence de la vie et du cœur, est œuvre plus utile que celle de théoriciens. Car elle résulte de l'expérience de la vie, non de spéculations abstraites !

Seniors, vous avez cette expérience et cette qualité du cœur. Qu'en ferez-vous ?

Spiritualité : les nouveaux chercheurs

Plaçons-nous maintenant sur l'axe vertical, celui de la rencontre des grands mystères, que l'on pourrait aussi appeler le Tout Autre.

« *Un de mes amis a eu une enfance très malheureuse. Né dans le Nord, une mère alcoolique, son père tenait un café. Il raconte cette histoire : quand mon père a décidé de m'apprendre à nager, il m'a jeté dans l'eau et m'a dit : débrouille-toi. Cet ami est l'exemple de la résilience réussie. Aujourd'hui, il arrête son activité pour se consacrer à la prière et à l'aide des autres dans une démarche christique.* »

Rencontrer son propre mystère

Dans cette dernière étape du voyage au long cours, la qualité de vie intérieure donne ses fruits. **Les grands mystères renvoient à son propre mystère et à sa déité cachée.**

« *Je ne suis pas objectif car j'ai toujours vécu avec cette recherche personnelle, j'ai toujours été curieux d'un certain sens philosophique de la vie, de la mort, de l'après-mort, je crois que ça aide beaucoup.*

Je pense que la dimension purement matérielle est très limitative. Je le constate avec des amis qui n'ont pas d'approche spirituelle et tournent en rond. Ils n'ont pas cette ouverture, cette dimension qui leur permettrait d'avoir une vie plus riche. Deux d'entre eux font tourner leur existence autour des biens matériels et de l'ennui. En fait, ils ne font pas grand-chose. Une approche spirituelle donne un autre sens à la vie, un élargissement, on est là. ***On vit.***

Je suis libre et indépendant, je ne m'aliène à aucun courant, j'ai ma propre démarche centrée sur le yoga, je serais plutôt dans une philosophie bouddhiste, la religion est trop sclérosante, trop de dogmes. Je suis pleinement dans l'ère du temps où les gens se montent leur propre kit spirituel.

C'est tout l'intérêt de la période actuelle : ***on sort des dogmes, on n'est plus sur des rails et on devient de véritables chercheurs****. Chacun, dans sa sphère, développe sa propre démarche, cherche, réfléchit. On voit émerger des* *courants nouveaux, des petits groupes qui vont cheminer ensemble quelque temps, on est de plus en plus dans cette approche.* »

« *Quand on demandait au Bouddha s'il existe un dieu, rappelle cet autre retraité, il répondait : cela ne m'inquiète pas, je préfère que l'on fasse comme hypothèse de travail qu'il n'y en ait pas, ce qui obligera à trouver en soi sa propre force. Cette idée qu'il y a un sens de l'effort, un sens de la vie peut motiver les jeunes, les inciter à ne pas rester sur place...* »

Les dérives d'une société matérialiste, rationaliste, en fuite de l'irrationnel donc le suscitant dans ses extrêmes - souvenez-vous de la prohibition ! -, se manifestent dans l'exhibitionnisme, l'étourdissement, l'évasion artificielle sexe, drogue, argent, médias, pouvoir.

Simultanément et en réaction inconsciente, jamais le nomadisme, le bricolage, le sur-mesure, la recomposition spirituelle n'ont été aussi présents, surprenants d'inventivité, de réinvention des voies de salut.

Les réponses sont verticales, non pas horizontales !

Que l'on soit agnostique ou croyant, la question de la transcendance est de moins en moins reliée à un dogme, à une croyance officielle et institutionnelle. Elle relève d'une démarche personnelle de questionnement et de l'écoute des ressentis.

Au-delà de tout système religieux, la présence à l'instant, l'ouverture à l'espace intérieur du cœur et de l'âme, sont une voie d'entrée universelle pour accéder à cet au-delà de l'humain.

À nouveau, les seniors ont la responsabilité de faire pénétrer dans la société cette dimension de la verticalité, dans la perspective de réintégrer les multiples dimensions qui sont les nôtres et qui ont été délibérément châtrées.

« *L'éternité, c'est la profondeur de l'instant présent, c'est le présent vécu très intensément, nous avons des minutes d'éternité. Nous cherchons une célébration de cette transcendance qui dépasse les célébrations trop rituelles.* »

« *Plus on vieillit, plus on est à l'âge de la retraite, plus on côtoie la mort, les gens autour de vous disparaissent. Je crois que quand on a une approche spirituelle, ça aide à vivre ces moments-là. On ne voit pas les choses de la même façon.* »

La question de la mort est naturellement d'une grande proximité aux seniors à mesure qu'ils avancent en âge. L'interrogation sur ce passage encore énigmatique est un autre chemin pour passer du plan culturel ou dogmatique au plan de l'intériorité.

C'est à nouveau l'occasion de se rapprocher de soi, de sa divinité intérieure.

« *à cet âge, on y pense, on en a peur. Comment cette interrogation peut-elle s'inscrire dans la nouvelle vie des seniors ? Les gens n'en parlent pas : c'est d'autant plus important d'écrire ses peurs, de les dire, dans notre société où on ne les exprime pas. C'est quand on vieillit qu'on se rapproche de la grande question :* ***est-ce que ça continue après ?*** »

Le senior comme relais d'expérience intérieure

Ainsi, le senior peut-il prendre le relais de la **responsabilité du sens**.

Plutôt que de réserver l'antenne à quelques philosophes à la mode sur ces aspects essentiels à la construction de la vie, le senior peut faire entrer ces questionnements dans la vie des enfants et des adolescents par des partages de témoignages.

L'Éducation nationale étant carencée sur ces points fondamentaux, il faut bien lui trouver un substitut en attendant que ces questions soient au programme par la voie de l'exemplarité quotidienne.

Si l'école et l'université n'ont pas à être sous la dominance d'un dogme religieux quel qu'il soit, elles ont aussi la responsabilité d'aborder dès le plus jeune âge les vrais enjeux de la vie.

Traiter dès la primaire les questions de la vie, de la mort, de l'au-delà, des mystères, de la connaissance, du sens, de la conscience, de la responsabilité de soi, des émotions, des sentiments, de l'être, du corps, de l'univers… préparera des adultes capables d'intériorisation, de réflexion et susceptibles d'apporter des réponses plus appropriées.

Dans cette vacance de l'outil pédagogique, les seniors ont à trouver une vraie place d'ouvreurs de conscience et de préparateurs à l'art de la vie. **Ils seront d'autant plus crédibles que ces questions ne sont pas théoriques pour eux mais bien réelles.** Pour les avoir vécues, ils sauront en transmettre l'essence.

Pourquoi ne pas envisager **d'élargir cette dimension d'ouvreur de conscience à l'entreprise** et au monde du travail ?

Riches des quarante ans de vie professionnelle, les seniors ont leur mot à dire sur les méthodes et la finalité de l'entreprise. Ils savent la fausseté d'une orientation exclusivement économique et ils en ont suffisamment payé le prix en termes de santé, de stress, de souffrance, de limitation intérieure, d'absence de croissance personnelle, d'exploitation.

Faire du profit certes mais en l'appuyant sur une plateforme de conscience et de valeurs qui respecte l'individu et la planète et coopère avec, plutôt que de les utiliser l'un et l'autre.

Gagnant-gagnant et non gagnant pour l'entreprise et perdant pour le salarié comme c'est encore le plus souvent le cas. Ce qui, sur une vision à long terme, se transforme en **perdant-perdant** pour les deux parties !

Alors pourquoi ne pas ouvrir l'entreprise à des **cellules seniors** venant apporter un regard différent aux managers et salariés et proposer d'autres voies conciliant une **écologie humaine et terrestre.**

Vers l'avènement du supra-humain

Alors que nos sociétés sont encore prisonnières d'une vision matérialiste sans issue, les seniors représentent l'ouverture possible vers une supra-humanité en voie d'émergence s'ils en comprennent l'enjeu : **l'âge d'or**.

Avoir ou être ?

Vous avez tout connu de la folie consommatoire que vous avez vous-mêmes initiée et développée.
Vous n'avez pas, pour un grand nombre, été touchés de plein fouet par les grandes crises que connaissent les plus jeunes générations mais vous portez une vraie responsabilité dans l'état du monde, de la terre, de la société. Et vous le savez, consciemment ou pas.

Pour l'heure, votre classe d'âge est considérée comme la plus juteuse cible marketing de tous les temps. **Juste retour d'un système que vous avez mis vous-mêmes en place, que vous avez érigé en art et dont vous avez fait une finalité !**

Pour peu que l'on soit informé des grandes manœuvres concernant le marché des seniors - comme par exemple lorsqu'on prépare un livre sur cette catégorie de population ! - le pronostic est atterrant.

Sachez que les stratèges du marketing de tous secteurs d'activité déploient force séminaires, formations, conférences et dispositifs pour fourbir les argumentaires et nouveaux concepts destinés à cette population, ou plutôt à son patrimoine.

Banques de données, études, statistiques, médias spécifiques convergent aujourd'hui vers cet eldorado du troisième et quatrième âge.

Vos modes et habitudes de consommation, votre pouvoir d'achat, le fonctionnement de votre cerveau, votre neurologie et vos systèmes sensoriels sont testés, expérimentés, étudiés sous tous les angles. Ainsi que votre réceptivité aux messages publicitaires et aux différents tons et styles de communication, vos préférences et affinités médiatiques, vos systèmes de retraite, votre état de santé. Vos moindres marqueurs économiques sont analysés par le menu en vue de la plus grande offensive marketing jamais menée... **Vous représentez aujourd'hui les détenteurs de la richesse !**

Au fait, rien n'a changé puisque ce sont ces mêmes armes que vous avez peaufinées au long de ces décennies, il serait bien mal venu d'accuser les jeunes générations qui ont parfaitement intégré les avantages de l'outil ! Saluons plutôt l'humour de la situation de l'arroseur arrosé !

Le problème n'est pas de ceux qui cherchent aujourd'hui à tirer une profitabilité optimum de vos abondantes ressources si tentatrices ! Ils ont bien assimilé vos leçons et jouent leur jeu, celui que vous connaissez bien puisque vous en avez fixé les règles !

Le problème est vous !

Allez-vous passer les décennies qui viennent à regarder la vie du seul angle du pouvoir d'achat et de la consommation ?

Laisserez-vous, dans l'histoire et la mémoire du troisième millénaire, le souvenir d'une génération qui s'est conduite en « Cromagnon » de la vie et de l'Être, par attachement exclusif à son patrimoine et à ses intérêts égotiques ?

Tomberez vous aussi dans ce piège illusoire dans lequel s'est enfermé une civilisation entière ou ferez-vous de cette transition des âges l'opportunité d'une sagesse et d'une responsabilité nouvelles ?

Resterez-vous enfermés dans la maya de l'avoir ou franchirez-vous le seuil de l'Être ?

Resterez-vous endormis par égoïsme et démission intérieure ou vous éveillerez-vous à la conscience pour préparer une terre nouvelle, plus solidaire et fraternelle ?

Parviendrez-vous à entendre la souffrance de continents entiers qui meurent de faim et de maladies alors que vous soignez des obésités nées du dérèglement de l'avoir et de la compulsion du vide ?

Vers une vie en conscience

La Terre vous regarde et vous écoute. Elle attend votre réponse et votre choix.

Et peut-être d'autres yeux et d'autres oreilles, dans d'autres plans et dimensions, prêtent-ils une fort vive attention à vos paroles et à vos décisions.

Le monde n'est pas ce que vous croyez et vous-mêmes êtes infiniment plus que ce que vous ne croyez être.

La supra-humanité est d'abord une vie en conscience et en ouverture respectueuse et amoureuse de toutes les formes de vie existant sur terre et dans l'univers. Écoutez les peuples de la terre qui eux n'ont jamais oublié et sont les gardiens de ce savoir.

Elle réside dans le savoir que ce qui détruit l'autre détruit irrémédiablement une partie de soi, dans ses structures biologiques et énergétiques, dans son âme.

Cette perception conduit naturellement à un réajustement quotidien de ce que l'on émet en vue d'un plus haut degré d'harmonie et d'équilibre. Cela est notre responsabilité à tous, encore plus lorsque nous portons ce titre de seniors.

Pour l'heure, le son du diapason n'est pas audible et le chef d'orchestre intérieur a déserté le plus grand nombre.

Pourtant, vous êtes porteurs d'une nouvelle culture où la croissance intérieure, associée à la conscience de votre essence, est désormais compatible avec votre disponibilité de temps.

Vous avez baigné dans trop de conflits, individuels et collectifs, pour ne pas porter en vous la flamme de la tolérance et du respect de toute expression, aussi loin soit-elle de votre croyance.

Vous êtes aujourd'hui plus qu'avertis des menaces écologiques qui pèsent sur votre planète donc sur vous-mêmes et les générations qui vous suivent. **Vous choisissez peut-être des produits bio, mais c'est tout autant l'attitude de vie qui est à changer que le contenu de l'assiette !**

Vous n'êtes plus sans savoir aujourd'hui que la seule démarche juste est de se changer soi-même et de transformer en profondeur sa vision de la vie pour que les déséquilibres se corrigent.

Vous avez à maintes reprises prouvé que vous saviez vous engager pour des causes dont vous souriez peut-être aujourd'hui.

Vous pouvez, si vous en prenez conscience, être la source d'un formidable changement d'attitude. Dans les turbulences que traverse notre planète, votre responsabilité dans l'invention d'autres réponses est directement invoquée. Vous devez bien cela à la vie !

Le défi

Saurez-vous vous souvenir de la vastitude de la vie et l'honorer ?

Saurez-vous vous souvenir de votre grandeur cachée en votre âme et votre cœur et lui redonner sa place.

Saurez-vous faire alliance avec les jeunes enfants et les adolescents qui sont venus poser les nouvelles valeurs du millénaire ?

Ils ont besoin de votre aide, de votre expérience pour aider l'humanité à faire ce passage.

Devront-ils encore une fois se passer de vous et laisser le gouffre s'élargir entre votre monde et le leur ?

C'est le défi qui vous est proposé individuellement et collectivement.

Une partie d'entre vous le sait déjà, mais n'ose pas. La peur est là du qu'en dira-t-on. Êtes-vous encore des enfants cherchant à se conformer à la parole d'autorité ?

Une autre partie l'entend d'une oreille et s'en débarrasse de l'autre car cela dérange.

D'autres encore n'y ont jamais pensé et seront peut-être ébranlés.

Je ne parle pas à ceux qui excluront systématiquement et par principe un tel questionnement.

Je parle à ceux d'entre vous, des millions, qui aspirent à cet autre monde sans croire encore qu'il soit possible.

Or il ne tient qu'à vous : vous êtes tous des **créateurs**.

Quel monde choisirez-vous de créer ?

Senior ? Le passeur d'évolution et l'enseignant de l'âge d'or

Imaginons. Imaginez.

À une société orientée sur la production et la consommation, vous, seniors pouvez substituer une société orientée vers la vie, qualitative, relationnelle, essentielle et créative.

Vous pouvez mettre en place un modèle du Soi, ouvert, illimité, cosmique, et non plus un modèle centré sur l'ego, les jeux de personnalité, l'individualisme, la séparation, la possession.

Entré dans le pouvoir du Soi, vous savez passer des pulsions à l'intuition, de la relation d'emprise sur l'autre à l'harmonie vibratoire avec l'autre.

Dans la logique du sens et du sacré, votre fonction de remise en question de tous les systèmes de croyances qui reposent sur des logiques utilitaristes, irrespectueuses et coûteuses est quasi révolutionnaire.

Par une sagesse qui unit mémoire, vision et conscience, vous devenez le passeur d'évolution vers un autre niveau de conscience.

Ce temps de la sagesse est aussi le temps de la parole : pas de la parole qui impose, menace, séduit, manipule, mais de la parole d'authenticité, de la parole d'or, celle qui transmet, va à la rencontre de l'autre, se laisse rencontrer par l'autre.

De la rencontre entre votre sagesse visionnaire et l'intuition immédiate et sensible des juniors, pourront alors émerger de nouveaux modèles de société plus altruistes et coopératifs, plus tendres, joyeux, vastes et libres. Des modèles cosmiques, galactiques, car alors, l'alliance entre la terre et le ciel sera à nouveau scellée et la voie ouverte.

Alors peut-être, découvrirons-nous que nous ne sommes pas seuls !...

ÉPILOGUE

Que diriez-vous, au dernier jour de votre vie, en découvrant que vous êtes passé à côté de l'essentiel ? Que ce que vous croyiez être la vie n'en était que l'ombre ?

Pouvez-vous vous interroger dès aujourd'hui : qu'ai-je envie d'accomplir ? De réussir ? De créer ?

Les réponses sont peut-être plus simples qu'il n'y paraît : suivre votre cœur et votre rêve, retrouver et pratiquer vos talents, mettre en route cet objectif ou ce projet auquel vous aspirez, qui est peut-être ce pour quoi vous êtes venu sur cette terre !

Et si ce n'était que cela…

Pour l'heure, les médias, politiques, économistes, annonceurs s'adressent à votre **image fantôme** dans la perspective d'un profit, qu'il s'agisse du bulletin de vote, de l'audience, de la consommation.

Ce livre vous invite, quinquas, seniors et grands seniors, à quitter le masque du consommateur qui a envahi tous les recoins de vos vies, à déposer ce fantôme et cet habit étriqué, à dépasser « la vie d'ombre » que l'on vous fait miroiter, pour entrer dans un nouveau champ d'expériences, celui-ci illimité.

Il vous convie à goûter à de nouvelles dimensions de vous-mêmes, qui ne passent ni par l'image, ni par les sensations fortes, ni par le poste dépenses !

Les anciens n'en ont pas besoin car ils savent déjà, et ils sont.

Au regard de l'Être intérieur, votre âge, votre style de vie, vos modes de consommation et vos activités n'ont aucune importance. Voilà pourquoi ce livre déborde largement la vague des baby-boomers et s'adresse à l'essence de tous les seniors.

Car est senior celui qui est en âge d'Être.

Pour faciliter cette nouvelle vision et avancer vers vous, l'épilogue vous propose un récapitulatif de l'état d'esprit à installer et entretenir.

Il extrait sept nouveaux points de vue à expérimenter.

Leur pratique allégera et dynamisera cette phase passionnante de vie.

Vous pourrez oser faire de votre vie ce que vous n'auriez jamais osé rêver.

À vous de jouer ! La création des possibles vous appartient !

I/ Vos seize clés de réussite intérieure

Une fois définie l'orientation de votre projet de vie, il reste à installer des clés de réussite pour leur bonne réalisation.

Vous le savez maintenant, ces clés sont intérieures et ne dépendent pas du monde extérieur.

Elles relèvent d'une hygiène quotidienne de vie sur le plan psychique et spirituel, au même titre que le sont, sur le plan physique, la marche, le choix de l'alimentation, la qualité du sommeil... Ainsi vous retrouvez votre pouvoir sur votre vie.

Ces clés vont encore à rebrousse-poil des croyances collectives. N'est-il pas temps de donner à ce nouveau millénaire des bases qui soient dignes du renouveau qu'il amène !

1/ Je me connais

Se connaître relève du plein exercice de la conscience.

C'est le point de départ que nous avons déjà évoqué. Aucun projet de vie ne peut pousser sur une terre inconnue. Savoir qui vous êtes détermine la direction et l'orientation de votre projet et vous donne une force de réalisation.

2/ Je m'aime et j'aime ce que j'entreprend.

L'amour est l'une des clés les plus difficiles pour les Occidentaux que nous sommes, ce sentiment étant principalement extériorisé et limitatif (la famille, le couple, les amis).

L'amour est un phénomène vibratoire, un rayonnement énergétique qui traverse le vivant.

L'amour a été enfermé dans la cage des sentiments et de l'affectivité alors qu'il préexiste à tout et est vraisemblablement la signature du vivant, de l'être, de l'univers, de tout ce qui est.

Commencer à percevoir **l'énergie amour** en soi est le début de la réconciliation avec la vie… donc avec son projet de vie. L'énergie amour est un carburant puissant que vous pouvez appliquer à toute situation pour la porter à un degré toujours plus élevé et rayonnant.

3/ Je me respecte

La conformité profonde avec son être intérieur est la condition de réussite d'un projet. La réussite n'étant pas vue au travers d'un baromètre social mais au travers de vos propres valeurs.

La vie active jusqu'à aujourd'hui a largement contribué à mettre au rebut la conformité à ses propres valeurs, avec les effets secondaires que l'on constate quotidiennement : insatisfaction, frustration, violence, haine…

Il est temps de partir de soi, non plus de se conformer à des modèles abstraits et irréels.

4/ Je veux

Je veux est la commande puissante que vous passez à la vie. L'acte de volonté est premier dans la manifestation. Il met en mouvement le choix que vous avez fait et le transforme en but clair, en objectif. Il ne s'agit pas d'un acte égotique ni de l'exercice d'un rapport de force. Je veux est l'affirmation de votre engagement.

5/ Je suis responsable

Vouloir, c'est devenir responsable. Le choix de l'objectif aura des conséquences sur des environnements proches et lointains.

À chacun à se responsabiliser, à assumer choix et conséquences, sans se défausser sur l'autre.

6/ J'ose et je prends des risques

Faire l'expérience, c'est s'exposer, aller vers l'inconnu, le nouveau, prendre des risques.

Faire l'expérience, c'est s'inspirer de la vie des héros mythologiques qui repoussaient les limites, affrontaient peurs et dangers.

Faire l'expérience, c'est privilégier son propre ressenti et non ce qu'en disent ou théorisent les autres. **L'être intérieur a plus de valeur que toutes les abstractions qui prétendent le modéliser.**

Ne te fie pas à ce qu'on te raconte, fais l'expérience et va au bout de toi-même. Tu découvriras qu'il n'y a jamais de bout, et que tout se transforme d'instant en instant.

7/ Je fais l'expérience

Faire l'expérience par soi-même, c'est s'affranchir des préjugés, des systèmes de croyances collectifs, des schémas répétitifs familiaux, transgénéalogiques, qui enferment dans le connu.

Pendant des générations, la vie s'est vécue par procuration, en déléguant à d'autres le droit et la puissance de penser pour nous, de décider pour nous, de légiférer pour nous, de gouverner pour nous.

Chacun peut constater où cela nous a conduits et nous conduit encore. Dans de constants et contradictoires mouvements d'action-réaction qui marquent plus notre protestation que nos choix véritables. Avril 2002, mars 2004, différents événements en 2005 l'illustrent parfaitement.

8/ Je m'observe, je me remets en question

L'observation accompagne chaque pas. La remise en question ne relève pas du doute ni du scepticisme quant au projet mais d'une mise au point quotidienne sur les émotions, pensées, sentiments, paroles, actes émis dans la journée.

C'est alors que l'on découvre le nombre de messages parasites que nous envoyons à notre insu, directement ou indirectement saboteurs de nos projets, de la vie souvent.

Cette attitude aide à gagner en autonomie véritable, à se remettre en jeu. Car alors, les systèmes de croyance, les habitudes, les schémas répétitifs qui nous agissaient perdent leur contrôle sur notre vie.

Elle entretient la fluidité et la souplesse indispensables dans un monde apparemment régi par l'imprévisibilité et l'impermanence.

Elle apprend à contacter cette part de soi qui demeure dans la permanence et la constance de l'être.

9/ J'écoute et je m'écoute

Lorsque l'on sait lire les signes de la vie, tout nous parle. Ces messages sont autant de directions, d'opportunités que reçoit celui qui est ouvert à la vie. La fameuse petite voix en a guidé plus d'un depuis que l'humanité est sur cette terre.

Des prophètes anciens aux nombreux *channels* actuels, la guidance intérieure sera dans quelques années, le coach et le psy du nouveau siècle… le sur-mesure et le « juste pour soi » version 5e dimension !

10/ Je fais confiance et je me fais confiance

La confiance est double. D'abord la confiance en sa propre capacité à conduire le projet de vie choisi. Cette confiance ne s'appuie pas sur une croyance religieuse, sur un dogme ni une foi.

Elle provient plutôt d'une intuition soudaine, d'une ouverture du cœur, qui en un éclair donne la certitude de soi, de sa justesse intérieure.

C'est aussi la confiance en la vie, en l'univers, et aux chemins imprévisibles que prend habituellement la réalisation d'un projet.

Une fois cette confiance acquise, la volonté n'est plus nécessaire pour agir sur la réalité, simplement la vigilance, la persévérance… et souvent la patience.

Si la volonté est l'acte premier qui met en route, elle doit en effet être suivie par son contraire : le lâcher-prise, pour laisser les choses se faire dans la justesse et l'équilibre, non dans la force. Or, cela, nous ne le maîtrisons pas encore, mais c'est tout l'art de la vie. Alors, laissons faire la vie, laissons faire l'amour universel, laissons faire l'humour créatif et cosmique.

11/ Je joue avec la vie

La vie est un immense jeu de création. Apparemment cruelle et absurde à première lecture, elle devient amie joyeuse et créative lorsqu'on commence à en percevoir le sens caché.

Quel animal, quel enfant, quel humain n'aime pas jouer ? Pourquoi la vie, dans son inaltérable flux de conscience et d'expression, réprimerait-elle le jeu ?

La vie devient un jeu lorsque l'on choisit de quitter le drame et le pathos pour des relations et des situations enfin harmonieuses. La vie est une harmonique infinie qui se plaît à rire, jouer, chanter, danser, aimer.

12/ Et je gagne avec beaucoup d'autres

Je gagne quand je gagne, je gagne quand je perds. Qu'importe, tout est expérience, l'échec et la réussite apparente.

Dans le jeu avec la vie, la seule relation est gagnant-gagnant.

Ce qui me fait du bien sert le bien de l'autre, sinon à quoi bon !

Nous avons fait nos preuves de barbarie et d'égocentrisme extrême, mettre le cap sur gagnant-gagnant, c'est gagner en confort, en tendresse, en abondance de tout.

C'est mettre en pratique, même à petite échelle, la fraternité qui est en dépit de l'apparence, l'un des attributs de notre humanité. Avec la joie en place du stress !

13/ Je me détache du résultat et je crois au miracle à chaque instant

Vous avez entendu parler de ces magnifiques mandalas des sables que les moines tibétains dispersent dans le fleuve après avoir passé des semaines méditatives à les créer.

Au regard de l'ego de ceux qui se disent créateurs et n'ont de cesse que de signer de piètres appendices, il y a là aussi toute une reconversion du regard à faire !

Plus vous êtes attachés à une réussite, à un résultat, plus celui-ci vous échappera comme le sable entre les doigts.

Mais si vous vous placez dans une perspective miraculeuse - ce que font quotidiennement des centaines de millions de joueurs de Keno, de Loto ou de tiercé ! -, alors tout devient possible.

Les uns font du gros lot leur obsession, mais le gros lot peut avoir mille formes, la prospérité incluse.

Si on laissait la vie déverser sa grâce infinie sur nous ? Les fruits tombent inévitablement lorsqu'ils sont mûrs.

14/ Je fais de l'instant présent mon principal espace-temps de création

Combien se laissent pétrifier par le passé et oublient de vivre leur présent. Pourtant, ils sont impuissants à changer ce passé.

Combien se laissent absorber par les projections dans le futur et ne sont pas disponibles à l'instant. Ils sont également impuissants car ils n'ont aucune maîtrise sur la grille d'événements qui contrariera leurs plans et scénarios les plus élaborés.

L'un et l'autre sont dans une distorsion de la vie qui n'est nulle part ailleurs que maintenant et ici, et cela à chaque instant présent.

Bientôt, notre concept du temps linéaire sera obsolet. La physique quantique bouleverse actuellement tous les acquis avec des concepts de réalités multiples, de simultanéité, de cœxistence des possibilités. En attendant, l'instant est l'unique cadeau de vie sur lequel nous ayons toute-puissance. Alors, exerçons enfin ce pouvoir que nous réclamons depuis si longtemps.

Nous ne pourrons plus nous plaindre de subir les événements… puisque nous les créerons.

15/ Je me remercie et je remercie la vie…

C'est ce que l'on nomme encore gratitude et reconnaissance.

16/ Et je deviens

Car le devenir sans fin et sans frontière est peut-être notre principale signature, comme celle de tout ce qui est puisque l'évolution n'a jamais de fin…

II/ Vos sept clés de transformation

Au long de ce voyage d'intériorité, récapitulons les principaux acquis à mettre dans la trousse de vie de vos prochaines décennies !

Pour la première fois peut-être de votre vie, vous pouvez abordez votre retraite non plus sous l'angle réducteur des conditions matérielles, sanitaires et sociales, mais par le **sens** à donner à cette nouvelle vie. Vous avez, pour la plupart, consacré une cinquantaine-soixantaine d'années à la matière, vous savez faire, vous avez fait vos preuves. Il est temps d'élever votre regard !

Oubliez le mot « vieillesse », encore associé à une charge, un handicap, parfois une pathologie. Et ouvrez-vous au concept de maturité, de sagesse, d'expérience, de conscience, qui sont de puissants outils de motivation et d'estime de soi. Il vous est désormais possible de **vivre l'âge non comme une perte** mais comme une force.

Plus la peur de vieillir, le déni et les stratégies d'évitement sont forts, plus dur sera le retour à la réalité : en voulant fuir le processus d'évolution du corps, vous contribuez surtout à l'installer, à le cristalliser. La peur est une énergie qui attire inévitablement son objet !

Si vous vous faites un allié de ce processus, vous constaterez que l'inéluctabilité apparente de la dégradation physique peut considérablement être ralentie, voire stoppée, comme la médecine quantique en fait état aujourd'hui ! Tout dépendra de votre conviction personnelle, de la force de votre intention, du travail intérieur que vous entreprendrez. Souvenez-vous que **l'esprit dirige la matière**.

La seule preuve sera votre expérience avec vous-mêmes. Ne vous attendez pas au miracle car la matière est résistante et dense. Mais votre persévérance à conserver votre jeunesse d'esprit et de corps et votre état d'esprit feront la différence au fil des années. **Et vous serez la preuve**, chacun individuellement.

Autorisez-vous à abandonner définitivement la déconsidération et l'image dévalorisante de l'âge, en relation à la perte de statut social et d'identité. **Le nouveau statut d'entièreté de l'Être** que vous allez installer vaut plus que tous les insignes et marques extérieurs.

Préparez-vous à la transition de la retraite, pour en éviter les désagréments. Et saisissez l'opportunité de vous rencontrer, d'explorer vos ressentis.

Prévoyez un **temps de questionnement et de remise en question** de tous les paramètres de votre vie, étape excitante d'une évolution inéluctable. Ce processus vous conduira vers un mieux-être, si vous le vivez en conscience, avec toute l'attention et la disponibilité qu'il requiert.

Tout en restant présent aux affaires du monde, soyez vigilant à ne plus vous laisser entraîner à la périphérie de vous-mêmes. Ce serait manquer la sortie vers votre liberté et votre maturité. L'exploration de l'intériorité vous procurera des sensations et découvertes plus surprenantes que tous les effets spéciaux et évènements avec lesquels on vous distrait.

Une fois ces différentes réflexions menées, vous pouvez mettre en place les sept clés de renversement de perspective que propose ce livre :

1/ Le passage du référent externe au référent interne

La retraite est une inversion de vos références habituelles. Pour la première fois, tout part de l'intérieur et non d'une demande extérieure.

Après vous en être remis aux différentes figures de l'autorité tout au long de la vie (employeur, État, médias…), à « ceux qui savent », il est temps de vous en remettre **d'abord à vous-mêmes**.

Vous êtes le seul expert de votre vie. Si d'autres experts vous permettent une amélioration de vie, allez-y… mais ne leur remettez ni votre corps, ni votre âme, ni votre pouvoir personnel. Chacun constate aujourd'hui l'impuissance de ces soi-disant experts dans bien des domaines de la vie, encore plus lorsqu'il s'agit de la vôtre.

Avec ce renversement de perspective, vient l'apprentissage du **pouvoir de choisir et non de subir**, appliqué aux grandes directions de sa vie. Un pouvoir qui s'exerce aussi en décidant d'aller plus loin que le simple « divertissement » ou que les « occupations » habituellement proposées, pour prendre en main sa vie. **Qu'il est bon d'être seul maître à bord et de piloter son vaisseau** là où l'on choisit d'aller, sans interférences extérieures ! Cette étape de croissance est libératoire.

2/ Développer une vision d'avenir centrée sur la réalisation de soi

Votre nouvelle question est : que vais-je faire de mes vingt prochaines années ? Comment ai-je envie de me réaliser, de quelle façon ?

Dans une société nostalgique et hédoniste qui n'a d'autres valeurs que l'immédiateté vécue dans l'illusion des sensations extrêmes, cette question est naturellement sans réponses. Celles-ci sont en vous et il faut y aller !

Vous êtes à la fois l'explorateur de cette réalité cachée - vous-même -, vous êtes le système de transport - comment vous rendre à l'intérieur ! -, vous êtes aussi le voyage, ses escales et ses nouveaux paysages !

3/ Entretenir une vision globale, holistique de votre vie

Pour l'heure, le discours de la société sur vous, les seniors, est fragmenté, divisé et intéressé, tout comme l'est le mode de pensée occidental. Un discours d'experts extérieurs qui théorisent, mesurent, analysent, dissèquent, des instituts de sondages aux financiers puissamment attirés par l'odeur de votre argent. Pourtant, vous êtes chacun une totalité d'expériences, de paroles, de mémoire, de sagesse, de vision, de transmission… **Une totalité** rarement consultée et considérée puisque l'on pense et l'on agit « pour vous » et que vous « les » avez habitués à laisser faire à votre place.

Cette vision holistique commence à être abordée - encore trop souvent théoriquement - dans ce domaine du « bien vieillir ». Je lui préfère définitivement les mots de maturité et de conscience qui sont **sans âge**.

Ils vous permettent de vous situer depuis une perspective plus élevée, celle de l'Être et de son intemporalité. Là, dans l'esprit, dans la conscience, pas une ride, pas un affaissement de peau, mais au contraire, un élargissement toujours plus grand du champ de vision. Il y a dans cette ouverture infinie une excitation et une joie sans comparaison avec les sensations extrêmes les plus folles !

On sait aujourd'hui que le secret de la jeunesse prolongée est multifactoriel : attention témoignée aux autres, poursuite d'une activité sociale nourrissant un sentiment d'utilité, appartenance à un réseau de relations, pratique d'une philosophie de vie qui favorise la paix de l'esprit, sentiment de réalisation de soi et d'accomplissement, nutrition, maintien d'une activité physique, sentiment de reliance intérieure à son Être ou Soi, ou conscience divine…

4/ Repenser votre vie sous l'angle de nouvelles valeurs.

Qualité de vie, mieux-être, équilibre, expression de soi…

Les déséquilibres quotidiens sont de véritables aspirateurs à énergie - temps, argent, émotions, fatigue…

L'aspiration propre à cette étape de la vie est autre. Elle tend naturellement vers un art de vivre, une pacification, une harmonisation des composantes de la vie.

Ces valeurs équilibrantes guident les réajustements devenus possibles lors de cette transition.

5/ Mettre en place une retraite plurielle associant intériorité et activité dans un équilibre global de vie

C'est toute une réorganisation de vie qui est nécessaire et va mobiliser votre énergie. Elle ne s'improvise pas mais vous avez le choix d'expérimenter, de tester ce qui vous convient. Non pas l'hyperchoix consommatoire, mais les choix très sélectifs, résolus et sûrs de votre Être.

6/ Concevoir un projet (de vie) qui parte de vous

Ce projet sera l'attracteur, le moteur, le centre fédérateur, le **noyau d'énergie** autour duquel les autres activités s'organiseront.

Les mots-clés qui l'accompagnent dans sa réussite sont : congruence, mouvement, unité.

Lorsque vous en êtes à ce stade, vous vivez **en direct et en live** que votre âge est un magnifique atout, non un handicap.

Vous devenez **le premier passeur de vous-même**, et par résonance, de votre entourage.

Vous devenez l'ouvreur de sens et d'expérience qui prépare à une société plus qualitative, ouverte, tolérante, pacifique, intelligente et harmonieuse.

7/ Une identité élargie

Après l'identité sociale rétrécie reposant sur l'identification à l'activité, au statut, au rôle, vient le temps de retrouver votre identité essentielle, votre signature d'être.

Seule, elle vous conduira vers votre accomplissement, vers une reconnaissance intérieure inaltérable, indépendante des jugements et points de vue extérieurs.

Avec, cerise sur le gâteau, une proximité nouvelle avec l'état de bonheur et la joie profonde qui l'accompagne.

Ainsi pouvez-vous désormais rayer de votre vocabulaire les mots **retraite** et **vieillir**…

Engagez votre processus de transformation, observez où il vous conduit, ce qu'il vous demande de corriger, de faire évoluer, d'abandonner ou de choisir.

Laissez-vous faire, laissez-vous être, après avoir fait sans être toute votre vie !

Il existe cinq étapes pour passer d'une situation d'ignorance à la connaissance, à la conscience et à l'action.

1/ Vous ignorez l'existence de l'information, de la situation, du problème ;

2/ Vous savez que cette situation existe mais vous en ignorez l'importance ;

3/ Vous êtes conscient que cette situation existe et vous en connaissez les enjeux, mais vous ignorez que vous pouvez la modifier ;

4/ Vous avez compris que cette situation peut être modifiée mais vous ignorez comment faire ;

5/ Vous avez l'ensemble des informations à tous les niveaux, votre capacité d'action incluse.

Cet ouvrage a répondu aux cinq étapes.

Lorsque tous ces points de croissance seront en cours, vous saurez prendre votre vie en main, vous mettre en accord avec vous même, créer votre projet de vie, vous autoriser, mettre en place une nouvelle qualité de vie.

Vous deviendrez le témoin vivant, motivant et entraînant - pour vos proches et pour la collectivité - prouvant que chacun peut accéder à une meilleure utilisation de ses potentiels, à une créativité accrue, à une plus grande aptitude à s'assumer, à résoudre ses problèmes, à faire face aux échecs et doutes, à mener à terme des tâches multiples.

L'anxiété et les peurs d'antan vous paraîtront dérisoires. **Vous aurez transformé la crainte de « vieillir » en opportunité de concrétiser vos aspirations.** Même l'expérience ultime de la mort se modifiera, vos perceptions s'étant raffinées et subtilisées. Vous percevrez alors que la mort tant redoutée par l'humain n'est peut-être qu'un passage, qu'un glissement d'une dimension dense à une dimension plus élevée vibratoirement… et que la conscience, elle, ne meurt pas ni l'amour, puisqu'ils sont les fondamentaux de l'univers…

Ayant gagné en force et en confiance, vous aborderez les difficultés propres à cette étape comme des défis à relever et des occasions de progresser, non comme des épreuves et des drames.

Alors, la vie viendra à votre rencontre et vous enveloppera de son amour et de sa beauté.

Ainsi, la boucle avec le début de ce livre est-elle bouclée. Après avoir été les **précurseurs de l'axe horizontal et matérialiste**, il vous appartient aujourd'hui de devenir les **éclaireurs d'un axe vertical**, celui de la vie, de la conscience, de la reconnexion et reliance intérieure.

Dans cet équilibre entre intériorité et activité, entre le haut et le bas, entre la matière et l'esprit, vous saurez alors qui vous êtes véritablement.

SENIOR, l'âge alchimique qui transforme en or les expériences de vie.

SENIOR, celui qui transmet, ensemence, enseigne cet or alchimique, pour tracer la voie et la vision, et la partager avec les jeunes générations.

Seniors de tout âge entre 50 et 101 ans, que décidez-vous ?

SIXIÈME PARTIE

LIVRET SELF-COACHING

Comment devenir inventif pour votre vie, sortir des schémas qui ne vous conviennent plus, créer votre programme de vie sur mesure ?

Reprenant les principaux chapitres de ce livre, les questionnements suivants vous aideront concrètement sur ce chemin.

I/ LE BILAN DU PARCOURS DE VIE

Les acquis des expériences professionnelles et de vie constituent un véritable trésor, à condition de le découvrir, de lui accorder une valeur et de savoir le mettre en application dans la vie. Une fois identifié, ce capital d'expériences pourra être réinvesti sur de nouveaux projets… les vôtres !

1/ LE GRAND NETTOYAGE DU PRINTEMPS DE LA VIE

Vous allez être prochainement retraité, ou vous l'êtes depuis peu :

■ Que représente cette étape ?
- Un passage à haut risque ?
- Une rupture ?
- Une opportunité ?
- La simple continuité de la vie avec un nouveau paysage ?
- Tout cela à la fois ?

■ Qu'en attendez-vous ?

■ Qu'est-ce qui finit, qu'est-ce qui commence pour vous ?

■ En quoi cette nouvelle situation de la retraite peut-elle être un problème ? que voulez-vous éviter ? vers quoi avez-vous envie d'aller ?

■ Le grand panoramique : état des lieux de votre situation présente et degré de satisfaction de :

• La vie affective et relationnelle : qualité de relations dans la relation couple, famille, enfants ;

• La vie professionnelle : y a t il réalisation ?

• La vie créative : Avez vous développé des talents spécifiques ?

• La vie matérielle : pénurie ou abondance ?

• Activités physiques, intellectuelles, sociales : degré de satisfaction ;

• La vie intérieure et les grandes interrogations : amour, vie, mort, réalisation de soi, spiritualité ;

• Vous-même : corps/santé, bien-être, harmonie ;

• Les rêves que vous avez toujours portés ou l'appel du large.

■ Quelle est l'orientation actuelle de votre vie : l'avoir, la propriété, l'être, la créativité, la famille, les autres, votre expression personnelle, l'intériorité, la spiritualité, etc. ? Coûts et bénéfices de cette orientation ?

■ Qu'avez-vous envie de vivre ? Vers où souhaitez-vous aller ?

• Qu'est ce qui devient important, essentiel, prioritaire, aujourd'hui, dans cette nouvelle situation de la retraite ? enjeux personnels ? valeurs prioritaires ? sens ?

• De quoi ne voulez-vous plus ?

■ Qu'est-ce qui vous motive profondément ? Vous fait exister plus intensément ?

■ Est-ce que vos choix, votre mode de vie actuels vont dans cette direction ?

- Que voulez-vous faire, exprimer, au travers de cette retraite ? Quel objectif vous donnez-vous ?
- Quels peuvent être les obstacles à contourner ou affronter ?
- Que vous appartient-il de changer en vous et dans votre vie ?
- De quoi avez-vous besoin pour réaliser la retraite de vos rêves ?
- Quels sont les bénéfices de votre âge ?

2/ PRÉPARER LE PASSAGE OU SE PRÉPARER

Réajustements, réaménagements et renégociations : comment penser différemment tous les aspects concrets de votre mode de vie de façon écologique ?

- Vos priorités dans la mise en place d'une qualité de vie écologique pour vous et votre entourage. Comment :
  - Trouver la bonne distance dans son couple, avec ses enfants, petits-enfants, amis ;
  - Renégocier l'espace physique extérieur ;
  - Renégocier l'espace intérieur (disponibilité à vous-même) ;
  - Gérer différemment le temps et les nouveaux rythmes ;
  - Réaménager votre habitat ;
  - Vous occuper de votre corps/santé/bien-être physique et psychique.

OUTILS DE RÉFLEXION

Les qualités oubliées qui servent la vie :
lesquelles privilégiez-vous ?

Être à l'écoute de soi.
Et à l'écoute des autres…
L'équilibre dans le mouvement.
Savoir développer ses aptitudes créatrices,
Maintenir une curiosité illimitée pour le monde, l'univers et ses secrets…
Oser relever le défi de vivre…
Être disponible pour la collectivité.
Etc.

Inventaire des constats affligeants qui s'ensuivent quelques années plus tard et qu'il peut être plus confortable d'éviter !

J'ai perdu mon temps… Je n'ai pas su m'entourer… Je n'ai pas su m'occuper… Je n'ai pas osé… J'aurais du faire ceci… Je suis passé(e) à côté de… Si j'avais su … je me suis dévalorisé(e)… J'ai négligé mes talents… J'ai perdu des décennies à attendre le miracle d'un homme, d'une femme, d'un employeur, de l'État, de la loterie, d'un mieux, et rien n'est venu… J'ai été paresseux(se)… orgueilleux(se)… arrogant(e)… insouciant(e)… ignorant(e)… inexistant(e)… passif(ve)…

J'ai laissé filer… Je n'ai pas voulu regarder la vie en face… J'ai critiqué les autres mais n'ai rien fait de constructif… Je n'ai pas renouvelé mes amitiés ni mes champs d'intérêt… Je suis resté(e) envieux(se) des autres… Je n'ai pas eu les moyens… Je ne me suis pas donné les moyens… Je n'ai pas eu l'envie… Je n'ai pas eu le courage… J'ai fait les mauvais choix… J'ai gardé la tête dans le sac… Je me suis menti… J'ai trompé les autres…

J'ai triché avec la vie, avec l'amour… J'ai manipulé les autres, je les ai utilisés… Je n'ai rien donné de moi… Je n'ai jamais cherché à rencontrer l'autre… J'ai pris et je suis parti… Et ainsi de suite !

3/ LA VRAIE VALEUR DE L'EXPÉRIENCE OU COMMENT RENFORCER L'ESTIME DE SOI

a - LE MÉTIER

■ Qu'avez-vous appris de la pratique de votre métier qui peut vous être utile aujourd'hui ? Dans quelles situations ? Rechercher les exemples.

• Polyvalence : explorer toutes les facettes d'un métier ;
• Audace : développer le goût de vaincre difficultés et obstacles ;
• Expression de vos potentiels ;
• Rigueur et sens de l'organisation ;
• Souplesse et adaptabilité ;
• Se fixer des objectifs et les remplir ;
• Exercice de la créativité ;
• Aptitude à évoluer et vous transformer ;
• Prise de risque ;
• Fierté et accomplissement de réaliser ;
• Autres.

■ Qu'avez-vous appris sur vos aptitudes relationnelles et votre mode de fonctionnement psychologique ? Dans quelles situations ? Rechercher les exemples.
• L'esprit d'équipe ;
• Le goût des contacts ;
• L'ouverture à l'autre ;
• La richesse des rencontres ;
• La diplomatie ;
• Le management humain ;
• L'esprit de collaboration et de dialogue ;
• L'aptitude à déléguer ;
• Faire confiance ;
• Le partage ;
• Autres.

■ Quel mode de fonctionnement avez-vous privilégié ? Dans quelles situations ? Rechercher les exemples.

- Réflexion : pensée analytique ;
- Synthèse : pensée synthétique ;
- Pensée abstraite ou appliquée ;
- Pensée stratégique ;
- Désir d'apprendre et curiosité ;
- Désir de trouver des solutions concrètes ;
- Créativité ;
- Sens de l'action ;
- Aptitude à diriger ;
- Aptitude à animer ;
- Aptitude à motiver ;
- Aptitude à détecter les talents ;
- Capacité d'organisation ;
- La relation et l'intelligence émotionnelle ;
- La vision à long terme ;
- Autres.

Au cours de votre vie active, quelles sont les principales qualités que vous avez développées ? Dans quelles situations ? Rechercher les exemples.

- Le courage ;
- L'humilité ;
- La tolérance ;
- La persévérance ;
- La capacité de recul et de mise à distance ;
- La perspicacité ;
- La vision stratégique ;

- Le goût du risque ;
- L'audace ;
- Une meilleure capacité de vivre l'instant présent ;
- L'autonomie émotionnelle ;
- La sagesse ;
- Le discernement ;
- L'humour ;
- Autres…

b - L'AFFECT ET LE RELATIONNEL

■ Certaines expériences de vie vous ont conduit à éprouver des émotions et sentiments qui vous ont stimulé. Par exemple :

• Qu'avez-vous le plus aimé vivre, qu'est-ce qui vous a ému, fait vibrer ?

• Et à l'inverse ? qu'est-ce qui a été le plus dur à vivre, pourquoi ?

• Qu'est-ce qui vous rend joyeux, de bonne humeur ?

• De quoi êtes-vous le plus reconnaissant à la vie ? Pour quoi avez-vous le plus de gratitude ?

• De quoi êtes-vous le plus fier ? Est-ce de réalisations matérielles, affectives, intellectuelles ?

• Qu'est-ce qui vous a fait le plus grandir ? Evoluer ?

• Qu'est-ce qui vous a donné le plus grand sentiment de liberté ?

• Qu'est-ce qui vous rend le plus heureux sur les plans matériel, affectif/émotionnel, intellectuel, spirituel, oblatif/de service ?

c - VOTRE ACCOMPLISSEMENT

■ La vie professionnelle et personnelle est l'occasion d'une expression et réalisation personnelle. L'identifier prépare la rencontre avec son Talent principal.

• Où vous êtes-vous le mieux exprimé ? corps, couple, vie familiale, métier, création, expression propre…

• En quoi pensez-vous vous être le plus accompli, réalisé, épanoui ?

• Dans quelles expériences professionnelles et personnelles vous sentez-vous le plus libre, le plus autonome ?

• Où avez-vous été le plus vous-même et avec le plus de plaisir ?

■ Avez-vous l'impression de toujours autant dépendre des circonstances ?

■ Comment pourriez-vous y remédier et renforcer votre autonomie ?

d - TRESOR SUPREME : CHOISIR CE DONT ON NE VEUT PLUS

■ Qu'avez-vous eu l'impression de subir jusqu'à aujourd'hui ?

■ De quoi ne voulez-vous plus de la vie professionnelle passée ?

■ Quels ont été pour vous les plus grands facteurs de stress ?

• Contraintes matérielles et organisationnelles ;

• Pressions administratives ;
• Obligation de performance ;
• L'urgence, la souffrance, l'impuissance (milieu hospitalier) ;
• Pressions psychologiques, ;
• Dépendances hiérarchiques ;
• Finalité orientée uniquement vers le profit de l'entreprise ;
• L'absence d'affinités et de centres d'intérêt communs dans le cadre de relations professionnelles ;
• Autres.

■ Quelles ont été les conséquences pour votre vie personnelle de ces facteurs de stress.

■ De quoi ne voulez-vous plus dans votre vie personnelle - situations, relations, limitations… ?

■ Que choisissez-vous aujourd'hui d'éliminer définitivement ?

■ Comment comptez-vous vous y prendre ?

e - LES TRÉSORS DE L'EXPÉRIENCE

Au final, que retenez-vous de cette exploration sur vos richesses personnelles ?

■ Quel(les) est(sont) le(s) trésor(s) acquis ? Ou est-il ?
• Dans la valeur de l'expérience professionnelle ;
• Dans la valeur de l'expérience ou l'expertise de la vie ;
• Dans la valeur de soi ou la connaissance de l'être ;

■ En quoi peut-il vous renforcer ?

■ En quoi ce trésor peut-il vous aider dans la transition de la retraite ?

■ Comment pouvez-vous le mettre en application dans votre vie ?

■ Comment le valoriser dans un projet de vie ?

■ Qu'est-ce qui empêche, bloque aujourd'hui la pleine expression de votre trésor ? La famille, votre couple, votre vie personnelle, des résistances, peurs et systèmes de croyance…

■ Qu'êtes-vous prêt à faire pour dépasser ce blocage ?

La vie idéale

1/ Racontez en quinze lignes la vie idéale que vous souhaitez vivre. Il est important que votre vision soit la plus claire possible.

Dans cette vie, ont disparu comme par enchantement tout ce qui vous alourdit, vous freine, vous limite, émotionnellement, mentalement, spirituellement, physiquement.

Dans cette vie, vous vous êtes transformé, vous avez changé, évolué, bougé.

Racontez le nouveau personnage que vous êtes devenu et comment vous le voyez évoluer.

Dessinez-le, mettez-le en couleurs, en images, en sons, en odeurs, en mouvement.

À méditer

Peurs et comportements à éviter pour se consacrer à la mise en valeur de son trésor

La peur du vide.
Le renfermement sur soi.
Le repli sur le passé.
L'anticipation excessive.
Le rien, l'absence de programme de vie.
L'activisme.
La dispersion.
La consommation exclusive.
Tout type de stratégie d'évitement et de fuite.

II/ DU GRAND RÊVE À LA VISION D'AVENIR

Des rêves à vivre et à concrétiser, non à rêver !

Évoquer des rêves d'adolescence ou des envies présentes, c'est remettre en circulation des désirs, des souhaits oubliés. C'est activer une créativité le plus souvent inutilisée.
Vous pouvez maintenant vous exercer à développer le ressenti, l'inspiration, l'intuition, stimuler sensations et images intérieures.

1/ DES PREMIERS RÊVES AU RÊVE ADULTE

Dans l'enfance et l'adolescence :

■ Vous avez eu dans la petite enfance, l'enfance, l'adolescence, des rêves, désirs, passions, attirances ?

- Les écrire sur 4 colonnes (15 mn) ;
- Quels sont leurs thèmes communs ? • Que constatez-vous ?

■ Avez-vous alors cherché à les réaliser, comme certains qui affirment : je veux être médecin… je serai violoniste ?

- Qu'est-ce qui vous en a empêché ?

■ Vos parents, votre entourage proche, la société ont-ils eu **un rêve pour vous** ? Lequel ?

• Avez-vous réalisé « leur » rêve plutôt que le vôtre ?

• Vous en êtes-vous aperçu ? Depuis quand ?

• Comment avez-vous réagi ? Quelles décisions avez-vous prises ?

À l'âge adulte :

■ Quelle place avez-vous faite à vos rêves dans votre vie d'adulte ? Réalisation ? Renoncement, oubli, effacement volontaire ?

• Y avez-vous repensé ? De quelle façon ?

• Ces rêves ont-il conduit votre vie ? Jusqu'où ? Jusqu'à quand ?

• Qu'est-ce qui vous a empêché ?

• Que se serait-il passé si vous les aviez réalisés alors ?

Aujourd'hui

■ Ces rêves, désirs, envies, passions ont-ils évolués, se sont-ils transformés ? Comment ?

• Quel serait le nouveau rêve ?

• Qu'est-ce qui vous empêche de le réaliser aujourd'hui ?

• Que se passerait-il si vous preniez le risque de le réaliser ?

• Avez-vous déjà commencé à réaliser des parcelles de ce rêve ?

• Comment ce rêve pourrait-il devenir plus présent dans votre vie actuelle ?

■ Qu'est-ce que la **réalisation** de ce rêve peut vous apporter ? Sens ? Équilibre ? Identité ? Plaisir et bien-être ?

2/ DIS-MOI QUEL EST TON RÊVE, JE TE DIRAI QUI TU ES…

Votre rêve est **unique, il n'appartient qu'à vous**.

■ Que vous dit-il et apprend-il sur vous ?

• Quelle est sa relation avec votre être profond ?

■ Quelle émotion accompagne ce rêve ? étonnement, paix, enthousiasme, transport…

3/ DU CÔTÉ DES MANQUES, DES PEURS, DES EMPÊCHEMENTS…

■ Qu'est-ce qui vous manque pour entreprendre le chemin de vos rêves ?

• Au plan physique (énergie, courage, vitalité) ;

• Au plan de l'image de soi (conviction personnelle, confiance) ;

• Au plan affectif (le moteur, le désir, la motivation…)

• Au plan méthodologique (comment s'y prendre, par quel bout commencer…) ;

• Au plan des moyens : (ressources matérielles, argent, structure…) ;

■ Qu'est-ce qui peut vous empêcher ? À quel niveau ? émotionnel, physique, intellectuel, matériel ?

■ Ce rêve suppose-t-il des ruptures, des réaménagements, de nouveaux équilibres dans votre vie ?

■ Comment comptez-vous vous y prendre ?

4/ LA VISION D'AVENIR ET SON ORGANISATION : INVENTEZ VOTRE RETRAITE

■ Comment vous imaginez-vous vivre les vingt prochaines années de votre vie ?

- Les grands thèmes de votre vie ;
- Votre projet de vie, votre expression ;
- Votre créativité ;
- L'affectivité et les liens relationnels ;
- L'action.

5/ VOYAGE VERS LE FUTUR : VISUALISATION CRÉATRICE

Prends conscience que tu es dans le monde visible, minuscule partie visible de l'iceberg.

Tu as commencé par remonter dans ton passé. Tu es allé à la recherche des rêves oubliés, en partie inscrits dans le monde visible, en partie invisibles, détenus par le subconscient, enfermés dans ton cœur.

Tu as commencé à activer cette partie de toi encore inconnue que tu vas progressivement ramener dans ta vie d'aujourd'hui.

Mais cela ne suffit pas. Va maintenant explorer le monde invisible.

Pour cela, tu vas changer de plan de conscience, te connecter à ton âme, à ta supraconscience, à ton cœur subtil qui détient le savoir de ton futur, de tous tes futurs.

Peu importe que tu ne le connaisses pas, imagine-le simplement et il prendra forme.

C'est comme si tu pénétrais dans le monde de l'incréé, le tien. Rien n'est manifesté mais tout est là en puissance. Parmi ces possibles, certains semblent plus près de toi, comme si tu les reconnaissais.

Imagine maintenant l'un de ces possibles réalisé, accompli.
Imagine cela comme si tu étais un dieu créateur, d'ailleurs, tu l'es véritablement, même si tu ne le sais pas encore… ou ne veux ni n'ose le savoir.

Continue à remonter très loin, le plus loin possible dans ton futur, continue à voyager vers tes réalisations à venir.

Maintenant que tu es enveloppé de cette empreinte de tes projets, ramène-la à ton présent.
Peut-être c'est difficile, un peu lourd ou très léger et facile. Écoute tes sensations mais ne les analyse pas, laisse-toi porter.

Une fois revenu dans ton présent et dans le monde visible, entretiens chaque jour cette vision du futur, ces sensations les plus minuscules.
Et observe ce qui se passe. Des synchronicités vont se mettre en place, d'autant plus que tu persévères à imaginer ton projet, à lui insuffler vie et confiance.

C'est comme si tu avais ramené dans ton maintenant une parcelle de ton âme, un fragment de ta conscience supérieure à laquelle tu n'as pas encore accès dans ta vie habituelle.

Tu ne sais pas vraiment de qui il s'agit mais tu sais que c'est juste, qu'il s'agit bien d'une partie de toi encore inconnue, au-delà de ton subconscient et de ta conscience.

C'est la partie de ton être qui sait tout de toi, de cette vie, des vies passées et futures qui ne sont qu'un seul instant dans la grande respiration de l'univers. Un instant d'éternité.

En contactant cette dimension de ton être, tu viens d'activer ton projet de vie, il te reste à continuer à le dynamiser chaque jour.

Fais simplement l'expérience, renouvelle-là quand tu en ressens le besoin, et observe l'ouverture de ta vie.

Privilégier le cerveau droit intuitif pour vous projeter dans le futur :

Le ressenti.

Des intuitions, des évidences soudaines.

Des sensations, des perceptions.

Des images, mots, couleurs, sons.

L'imagination : vous raconter votre propre histoire au futur. L'utopie d'aujourd'hui est la réalité de demain.

Le lâcher prise : n'en faites pas une affaire de volonté.

Conscientiser vos schémas de croyances et comportements : éliminer ceux qui sont limitants, amplifier ceux qui sont ressourçants.

Quels sont les **schémas** dominants qui vous ont conduit tout au long de votre vie : le renoncement, le manque d'estime de soi, la croyance que vous n'étiez pas capable, l'autodévalorisation, la coupure entre votre rêve et vous (c'est pas pour moi)…, ou au contraire l'enthousiasme, la conviction de vous-même, l'énergie… etc.

III/ ET VOUS, QUELS SONT VOS TALENTS, VOS DONS, VOS APTITUDES ?

Créer, la clé de vie

Toute création est directement associée au plaisir, à la joie, à l'enthousiasme, à l'expansion de soi, avec des bienfaits importants en termes de santé globale et d'équilibre de vie.

Ces questionnements sont destinés à susciter un état de disponibilité, de réceptivité, d'ouverture à votre créativité.

1/ VOS TALENTS

Chaque être a son ou ses talents spécifiques, et vous quel est le vôtre ?

- En quoi êtes-vous unique ?
- Au travers de quelles activités, hobbies, expression personnelle, situation vous sentez-vous plein de vitalité, d'énergie, inspiré, heureux et bien présent ici et maintenant ?
- Quels sont ces talents et les compétences qui vous rendent unique ?
  - Talents spécifiques professionnels ;
  - Talents spécifiques relationnels ;
  - Talents spécifiques personnels ;

- Quel est votre type de créativité ? Artistique, de recherche, de réflexion, d'action, d'émotion…
- Quand est-ce que vous avez exercé vos talents la dernière fois ?
- Comment ça s'est passé ? Qu'est-ce qui a fonctionné ?
- Qu'est-ce que vous voulez apporter ou offrir aux autres à travers ce talent ?
- Comment, de quelle façon l'apportez-vous ?
- Comment aimeriez-vous que l'on se souvienne de vous au travers de ces talents ?

2/ ACTUALISATION DE VOS TALENTS

Maintenant que vous avez clairement identifié vos talents.

- Comment pouvez-vous les mettre au service de votre rêve, de votre objectif, de votre projet de vie ?
- Quelle place avez-vous envie de leur donner ?
- Comment peuvent-ils s'exprimer concrètement ?
- De quoi auriez-vous besoin pour les renforcer ?
- Que peuvent-ils changer dans votre vie ?
- Qu'allez-vous faire maintenant pour leur donner réalité ?

EXERCICES TALENTS

CONNAISSEZ-VOUS VOS DOMINANTES ?

■ De quel profil vous sentez-vous proche ?

□ Êtes-vous plutôt dirigeant et pionnier : le **leader**.
- Orienté vers l'action, centré vers l'extérieur ;
- Besoin d'entreprendre, de diriger, décider.

□ Êtes-vous plutôt intéressé par la **connaissance,** le désir de comprendre, d'apprendre : le **sage**.
- Orienté vers l'abstraction et l'intérieur ;
- Enseignant, philosophe, chercheur, explorateur de la connaissance.

□ Êtes-vous plutôt attiré par les procédures et process ?
- besoin de vérifier, gérer, poser des cadres, appliquer la loi.

□ Êtes vous plutôt attiré par la **création artistique**, façonner les formes, imaginer, transformer : le **créateur**, le **visionnaire**.
- Attrait pour la beauté, l'harmonie, l'inspiration artistique ;
- Artisan, artiste, restaurateur d'œuvre, visionnaire.

□ Êtes-vous plutôt **scientifique et intellectuel :** le **chercheur**.

• Savoir abstrait, fonctionnement de l'univers, trouve solutions ;

• Pensée analytique et linéaire ;

• Chercheur, ingénieur, médecin, spécialiste en informatique.

□ Êtes-vous plutôt un « **croisé** » attiré par le service désintéressé : **l'altruiste**.

• Guérison, soins, entreprises humanitaires, dévotion ;

• Recherche paix, tranquillité ;

• Besoin d'aider, de développer un idéal, une cause, un objectif humanitaire.

□ Êtes-vous un **médiateur**, un créateur de lien.

• Besoin de communiquer, de relier.

□ Êtes-vous un **contemplatif.**

• Besoin de se retrouver avec soi ;

• Besoin de s'unir avec la vie, le cosmos, soi-même.

■ Quelles sont vos dominantes morphopsychologiques permettant de repérer vos domaines d'expression majeurs (cf. encadré) ?

Les types psychologiques de Corman

Extrait de l'ouvrage *Guide de Morphopsychologie, que dit votre visage*, Diane Saunier Perceval, Georges de Sainte-Marie, Véronique Abelès, Éditions d'Organisation, 1992.

Le docteur Louis Corman a dégagé les lois générales de la morphopsychologie en explorant particulièrement les concepts de dilatation/rétraction, d'expansion et de conservation, de réaction et d'adaptation au milieu.

Il a particulièrement étudié les correspondances entre les visages et les types planétaires.

Dans les nombreux apports qui caractérisent cette science humaine, il est le premier à proposer une vision synthétique et dynamique. Les grands types - qui dans la réalité se combinent entre eux - sont :

- Le dilaté, extraverti, empathique, dans l'ouverture au monde, d'approche encyclopédique, de type jupitérien.

- Le rétracté, intériorisé, concentré sur les forces de survie et de conservation, avec une approche pointue de spécialisation, de type saturnien.

• Le rétracté latéral, pour lequel prime l'action sur la réflexion, dans une dynamique constante, de type martien.

• Le cérébral, pour lequel prime la pensée, la réflexion, et qui peut se complaire dans les sphères mentales et imaginaires plutôt que de passer à l'action, de type saturnien et uranien.

• Le réagissant, dans un jeu permanent d'action-réaction, facilement absorbé et distrait par les mouvements du monde extérieur et ses propres pensées, curieux de tout et de chacun et en quête d'identité, de type mercurien.

• S'y ajoutent les types solaire rayonnant et lunaire imaginatif, le type vénusien amoureux de la beauté et des sens, le type neptunien en connexion cosmique, le type plutonien qui va explorer les profondeurs des abîmes pour en extraire l'or, et l'uranien précurseur et hors normes, celui du nouvel âge du Verseau.

Chaque humain étant relié dans son thème de naissance et dans sa vie à toutes les planètes du système solaire… et aux autres, nous sommes chacun détenteurs de l'ensemble de ces potentialités. Elles s'exprimeront plus ou moins selon les moments de notre vie. Et ainsi pourrons-nous expérimenter la plupart des aspects qui sont à vivre.

IV/ CONSTRUIRE VOTRE PROJET DE VIE

Construire votre projet de vie se fait en plusieurs étapes.

- **L'objectif de votre projet.**
- **Ses bénéfices et atouts, sa valeur ajoutée.**
- **Les inconvénients, obstacles et ressources dans l'atteinte de l'objectif.**
- **l'ancrage sensoriel.**
- **Votre évaluation du degré de réussite.**
- **L'ancrage identitaire du projet et sa congruence.**

1/ L'objectif de vie.

▪ Qu'est- ce qui vous motive profondément dans la vie ?

▪ Comment formuleriez-vous votre objectif de vie ?

▪ Quels sont les sentiments et émotions qui lui sont associés ?

▪ Quelles sont les valeurs auxquelles se rattache votre objectif de vie ?

▪ Est-il en harmonie avec ce que vous êtes profondément, avec votre identité ?

▪ Quel est le bénéfice de l'atteinte de cet objectif, pour vous ? Pour les autres ?

2/ L' ancrage sensoriel.

■ Visualiser votre projet.

- Je me vois accomplir…
- Je me vois mériter…

■ Le ressentir avec tous vos sens.

- Je sens que...
- Je vois que...
- J'entends que...
- Je goûte que...
- J'imagine que...
- Je crois que…

■ Si vous pouviez aller dans le futur, que rameneriez-vous comme information (en sachant que le cerveau ne fait pas de différence entre le réel et l'imaginaire) ?

3/ L'ancrage identitaire.

■ Quel est le pouvoir d'attraction sur vous de cet objectif ?
■ Quelle sensation, quel état d'être vous procure-t-il ?
■ En quoi est-il pleinement signifiant pour vous ?
■ En quoi vous aide-t-il à vous exprimer ?
■ En quoi vous permet-il d'exister plus ?
■ En quoi renforce-t-il le sentiment de cohérence intérieure, d'unité, de congruence ?
■ Si ce projet était la réalisation la plus importante de votre vie, que vous dirait-il sur vous ?

4/ L'ancrage dans le réel.

- Ce projet est-il compatible avec votre environnement proche ou lointain ?
- Quels sont les inconvénients et obstacles que vous pouvez rencontrer ?
- Quels risques pouvez-vous rencontrer dans la réalisation de cet objectif ?
- Quelles sont les ressources dont vous disposez ?
- Quelles sont les nouvelles qualités, compétences et ressources à acquérir ?

État d'esprit à développer pour optimiser votre vie et tendre vers « l'expérience optimale » (selon *Vivre, la psychologie du bonheur*, Mihaly Csikszentmihalyi).

- Être en accord avec vos objectifs.
- Autonomie croissante en réponse aux conditionnements et conventions qui font que votre vie vous appartient de moins en moins.
- Désir de faire des choses par vous-même et non par obligation.
- Capacité à vous engager et mobiliser.
- Curiosité.
- Capacité de vous émerveiller.
- Capacité d'estime de soi et de fierté.
- Capacité à expérimenter des occupations encore jamais faites.
- Capacité à reprendre possession de votre vie et à servir vos intentions personnelles.
- Conscience d'appartenir à un ensemble plus vaste que vous-même.
- Vous sentir coresponsable dans le devenir de l'humanité et son bien-être.

V/ LE CORPS, TEMPLE DU BIEN-ÊTRE SECRETS DE JEUNESSE

Votre projet de vie peut être le plus créatif et attractif du monde, il ne pourra se déployer sans des fondations physiques solides : votre corps est votre premier capital et allié.

Comment développer une jeunesse intérieure et vivre avec plus de légèreté les cycles de l'âge ?
Quelles réponses concrètes pour entretenir et prolonger le mieux-être physique et psychique ?

1/ APPARENCE, FORME, SANTÉ

■ Longévité accrue : + deux ans et demi, en dix ans, une espérance moyenne de vie qui s'élève, une espérance de vie des hommes qui tend à rejoindre celle des femmes.

■ La prévention individuelle aide à devenir responsable de sa santé.

■ L'état de santé est global et holistique : physique, émotionnel, mental, relationnel, professionnel, financier, familial, spirituel…

- Hygiène de vie et activité physique ;
- Qualité du sommeil ;
- Nutrition et eaux ;
- Hédonisme : se faire du bien… sans tomber dans le culte du corps et des sensations !

• Respect de soi et de ses limites ;
• Culture du bonheur : un état d'esprit joyeux et optimiste ;
• L'autre nourriture : vos pensées, sentiments et émotions quotidiens ;
• Le sens que vous donnez à votre vie ;
• Cultiver la relation intérieure et intime avec soi ;
• Le mystère de la vie est plus grand que soi : l'occasion rêvée pour se décoincer du matérialisme et regarder plus haut.

2/ SECRETS DU « BIEN VIEILLIR » OU DE L'ÉTAT DE MATURITÉ

Les clés du bien-être

■ **Être responsable de soi : se prendre en main**. La santé est la résultante de la conscience et de la responsabilisation de tous les aspects de sa vie : attention et respect de son corps, de ses émotions, de ses actes, projet personnel, engagements… Elle passe par :

• Le respect de son corps et une vigilance préventive globale ;
• La qualité de vie globale que l'on se donne, du corps à l'habitat, du couple à la vie en collectivité ;
• La créativité que l'on apporte à sa vie au travers de toutes les formes d'expression de soi : écriture, peinture, art du jardin, généalogie, bricolage.

■ **Participer** : trouver sa place dans la collectivité, en dehors de l'ancien statut professionnel : participer et échanger, ne pas être mis à l'écart.

■ **Agir**, **initier** et **déployer** : développer des projets et activités qui sollicitent autant le corps que l'intellect, les émotions.

■ **Utiliser ses talents pour créer** : les identifier, les reconnaître, les valoriser, les développer.

■ **Se relier** : les relations humaines sont une source d'énergie et de plaisir toujours renouvelée.

■ **Un état d'esprit** d'ouverture, de questionnement, de curiosité.

- Ne plus penser en termes de succès ou d'échec mais d'expériences ;
- Se re-motiver et prendre conscience de sa valeur ;
- Oser prendre des risques.

■ **Intimité avec soi** : se rapprocher de soi, de l'être, de sa profondeur.

Exercices d'auto-évaluation

Vous considérez-vous en bonne santé ?

- **Sur le plan physique** ? organes, dos, articulations, circulation… états inflammatoires, vieillissement prématuré, maladies dégénératives…
- **Sur le plan énergétique** : vitalité, résistance, énergie ou épuisement, baisse d'énergie, irritabilité, manque de concentration...

• **Sur le plan émotionnel** : émotions, passions, aspirations qui vous élèvent et vous font vivre sur des fréquences toujours plus élevées ou passions destructrices, séparation du corps et de l'âme, rancœurs, colères, jalousies, dispersion…

• **Sur le plan mental** : êtes-vous l'otage de vos pensées ou leur maître ?

• **Sur le plan spirituel** : ouverture de conscience, joie, fraternité, amour, compassion, reconnaissance, gratitude, ou fermeture, doute, pessimisme, conduites négatives…

Quels sont vos « maux du quotidien » ?

• À quel niveau se situent-ils ? Physique, émotionnel, mental ? Diagnostiquer tous les points de votre santé globale qui laissent à désirer.

• Comment traitez-vous votre corps au quotidien ?

• Vous accordez-vous des pauses, temps de réflexion, prise de recul pour prendre les bonnes décisions ?

• Vous êtes-vous dédié un lieu, une pièce, un espace, rien que pour vous ?

Faites votre auto-évaluation : Que choisissez-vous le plus couramment ? Qualité de vie et équilibre global ou affaiblissement général ? Un test pour vous aider à choisir votre camp !

• Une alimentation saine, naturelle, vivante, une eau pure, dynamisée, faiblement minéralisée permettant un équilibre acido-basique ou une alimentation chimique, industrielle, raffinée, médiatisée par la publicité ;

• Une activité physique appropriée ou sédentarité et consommation télévisée intensive ;

• Des médecines naturelles et énergétiques ou une médecine chimique souvent agressive, un océan d'œstrogènes, d'antidépresseurs, de vaccins, de pollutions environnementales toxiques et dégénératives qui se retrouvent dans l'eau, l'air et la chaîne alimentaire ;

• Une bonne protection énergétique ou les multiples rayonnements des écrans d'ordinateurs, des téléviseurs, des micro-ondes, portables, antennes-relais. Nous sommes enveloppés d'un *smog* électrique qui empêche nos cellules de se défendre. Il devient urgent de favoriser tous les systèmes qui aident à renforcer les défenses énergétiques ;

• Un sommeil réparateur qui accompagne et soutienne l'activité intensive de régénération cellulaire mise en œuvre la nuit ou la farandole des insomnies, du sommeil haché, des antidépresseurs et psychotropes ;

• Une hygiène du regard, des pensées, des sentiments, des paroles, des actes que nous entretenons quotidiennement sur la vie, sur nous-mêmes, sur les autres ou la pratique de la plus grande des pollutions psychiques : violence, sexe, pouvoir, consommation effrénée, climat d'insécurité, de peur, de terreur.

Sachez que jeux vidéo, scénarios virtuels et films catastrophes principalement américains entretiennent un climat anxiogène quotidien et posent quotidiennement cette empreinte de destruction dans l'inconscient collectif. Il est étonnant que l'on s'étonne de cette explosion de violence.

• Un environnement familial, social, relationnel équilibré ou la discorde, les malentendus, la méfiance, les non-dits, l'orgueil, le ressentiment, les blessures…

• La conviction que l'abondance financière est accessible à chacun ou l'enfermement dans la peur de la pénurie et du manque ?

Exercices de ressenti

Sur une journée, faire des exercices qui affinent la qualité du ressenti et posent la paix :

La respiration pranique de la force vitale ou énergie universelle.

La gymnastique holistique qui stimule les méridiens, le système énergétique et le système musculaire : tai-chi, Qi gong.

La marche, le ressourcement dans le silence et la nature, la natation.

La méditation.

VI/ QUALITÉ DE VIE ET MIEUX-ÊTRE

Comment réaliser son projet de vie dans les meilleures conditions

Comment votre Projet de Vie s'inscrit-il dans votre modèle relationnel ?
Comment s'appuie-il sur vos valeurs ?
Est-il cohérent avec vos principales croyances ?

1/ SOI

Que connaissez-vous de :

- Votre **corps** : ressenti et perceptions.
- Vos **émotions** : observation de vos schémas émotionnels.
- Votre **mental** : observation de vos croyances.
- Votre **intuition** : l'écoute du « sixième sens ».

2/ L'AUTRE

- La **résonance** :
    - Qu'est-ce que les autres vous apprennent de vous-même ?

• Que vous apprennent-ils de la dynamique de relation que vous établissez avec les autres ?

• En quoi vous sentez-vous utile aux autres ?

• Que représente la notion de service dans votre vie ?

■ **Votre relation de couple :**

• Votre espace intérieur est-il respecté ?

• Respectez vous celui de l'autre ?

• Comment cela se manifeste t-il ?

• Quelles limites posez-vous ?

• Où êtes-vous le plus proche de vous-même dans la relation à l'autre ?

■ **Votre relation avec vous-même, que vous soyez seul(e) ou accompagné(e) :**

• Comment vivez-vous avec vous-même ?

• Êtes vous en manque d'un autre idéalisé - le fameux mirage ! ?

• Êtes-vous en projection de vos propres schémas amoureux sur un autre… qui en est loin !

• Êtes-vous en attente dans la relation ?

• Comment s'exprime votre part féminine au quotidien (que vous soyez homme ou femme) : sensibilité, créativité, réceptivité, tendresse, douceur, affection, disponibilité, vision, inspiration, intuition, reliance…

• Comment s'exprime votre part masculine au quotidien (que vous soyez homme ou femme) : décision, action, structure, concrétisation, maîtrise…

• Comment pourriez-vous vous unifier et harmoniser davantage ?

■ **Votre cadre de vie est-il en harmonie avec qui vous êtes ?**

• Votre cadre de vie vous satisfait-il ?

• Comment le feriez-vous évoluer si vous en aviez la possibilité, pour qu'il soit plus cohérent avec votre être et vos aspirations ?

3/ LE TOUT AUTRE OU L'AXE VERTICAL

Que représentent pour vous ? :

• Les grands mystères.
• La transcendance.
• Le développement personnel et spirituel.
• La réincarnation.
• La vie après la mort.
• Le sens de la vie.
• Le bonheur.
• La planète.
• Le cosmos.
• Pensez-vous que d'autres civilisations existent dans l'univers ?
• Comment les imagineriez-vous ?
• Qu'aimeriez-vous leur dire ?
• Qu'attendriez-vous d'eux ?

Vos valeurs prioritaires :

• Vous sentez-vous libre ?
• Êtes-vous confiant en la vie ? en vous-même ?

- Que représente pour vous la paix, la sérénité, la sagesse ?
- Cherchez-vous à rendre votre vie belle et harmonieuse ?
- Avez-vous le sens du bonheur ?
- Êtes-vous souple et flexible ?
- Êtes-vous tolérant ou réagissez-vous à tout de façon personnelle ?
- Vous sentez-vous responsable de votre vie, de vos paroles, pensées, actions ?
- Êtes-vous persévérant, intègre ?
- Vous remettez-vous souvent en question ?
- Êtes-vous fraternel ?
- Votre parole est-elle impeccable ?
- Respectez-vous les autres, la nature, les différences ? et qu'en est-il du respect de vous-même ?
- Vous faites-vous respecter ?
- Vous aimez-vous inconditionnellement ?
- Cherchez-vous à développer la conscience des différents aspects de votre vie ?
- Avez-vous de la reconnaissance envers la vie ? de la gratitude, de l'émerveillement ?
- Êtes-vous enthousiaste ?
- Êtes-vous disponible aux autres, au nouveau, à l'inconnu ?
- Comment vivez-vous l'instant présent ? le passé ? le futur ? Lequel domine ?
- Êtes-vous audacieux pour votre vie ? Vous sentez-vous un héros du quotidien ?
- Faites-vous toujours de votre mieux ?
- Etc !

À MÉDITER !

La leçon !

Plus l'identification à la fonction, au statut, au rôle a été forte, plus l'entrée en retraite est brutale et douloureuse.

Plus le projet de vie est la pâle copie du projet professionnel passé, plus la confrontation à l'âge sera difficile.

Plus l'ouverture sur une création personnelle, la curiosité sur le monde, l'engagement dans le service à la collectivité, l'intérêt culturel large, l'amour de la vie, ont été préparés, meilleure sera la transition… et ses développements !

Ceux qui prolongent, lors de la retraite, leur ligne de vie, leur recherche d'un équilibre fondé sur le sens et les valeurs, l'épanouissement de soi, le mieux-être collectif ou la réalisation d'une passion, sont de loin les plus heureux et les plus sages.

Qu'importe la séparation ou la continuité d'avec l'activité professionnelle ! Seule compte la cohérence avec la vision qui a guidé la vie. Le temps de la retraite peut alors être vécu dans la continuité de qui l'on est et non en fonction de ce que l'on a fait. Le principal est d'être juste par rapport à soi, au sage intérieur qui observe et attend.

Réponses d'une retraitée cultivant humour et art de vivre aux grandes peurs de la vie.

Rétrécissement des centres d'intérêt ?
Il n'y en a que trop

Maladies / problèmes de santé ?
Prévenir et non guérir

Vieillesse / mort ?
S'accepter et accepter

Vous retrouver seul ?
Je le suis déjà

Vous retrouver seul avec votre conjoint ?
Conjoint non valable !

Ne plus être dans le coup ?
Ah ah ah !

Vous ennuyer / ne rien faire ?
Jamais

Subir cette partie de la vie ?
Plutôt la vivre !

Autres : préciser ?
Aucune

Comment faire avec une multiplicité d'envies ?
Conseils de senior !

Le risque de la retraite est souvent l'éparpillement, le touche-à-tout, l'encombrement.

Pour les boulimiques qui ne savent comment mener plusieurs projets à la fois, la modularité de leurs projets dans la durée peut être la solution.

Se donner des objectifs limités sur une période courte - un à deux ans - permet de développer son projet sur ce temps et d'engager une autre activité l'année suivante, ce qui est impossible dans la vie professionnelle.

Par exemple, faire un an d'alphabétisation, puis de l'assistance aux devoirs d'enfants pendant un an, de la lecture publique dans une association la troisième année, la quatrième, un atelier d'autobiographie et d'écriture, l'année suivante de l'aquarelle... Et enfin retourner sur les bancs de l'université.

Cette démarche suppose de **penser durée et de se professionnaliser sur une activité à long terme**. Ce peut être un aspect du projet de soi.

BIBLIOGRAPHIE

• *Vivre, la psychologie du bonheur,* Mihaly Csikszentmihalyi, Robert Laffont 2004.

• *L'émergence des créatifs culturels*, enquête sur les acteurs d'un changement de société, Paul Ray et Sherry Ruth Anderson, Éditions Le souffle d'or, 2001.

• *Les quatre accords toltèques*, Don Miguel Ruiz, Éditions Jouvence.

• *Un merveilleux malheur,* Boris Cyrulnik.

• *Guérir*, David Servan-Schreiber, Albin Michel 2003.

• *Plaidoyer pour le bonheur,* Matthieu Ricard et le Dalaï Lama, Nil 2003.

• *Victime des autres, bourreau de soi-même*, Guy Corneau, Robert Laffont 2003.

• *Vivre heureux grâce à l'estime de soi et la force des émotions,* Christophe André, Odile Jacob 2003.

• *Le Courage d'être soi*, Pocket - *Heureux qui communique,* Albin Michel - *Apprivoiser la tendresse,* Jouvence, Jacques Salomé.

• *L'ABC de la psychologie jungienne*, Carole Sedillot, Grancher.

• *Le Miroir d'en bas*, Jean-Luc Apsit, Les Éditions des trois Monts.

• *Gardez le cap intérieur*, Jean-claude Genel, Les Éditions des trois Monts.

• *Mutations*, Jean-claude Genel, Les Éditions des trois Monts.
• *Marcher entre les mondes*, Gregg Bradden, Ariane.
• *L'éveil au point zéro*, Gregg Bradden, Ariane.
• *La Divine connexion*, Melvin Morse, le Jardin des livres 2003.
• *La Règle du Je*, Frank Hatem, Ganymède.
• *Les Cinq clés*, Frank Hatem, Louise Courteau.
• *Sagesse des Sages*, Fritjof Capra, France Loisirs.
• *Les hasards nécessaires*, Jean-François Vézina, Les Éditions de L'Homme 2002.
• *Le Code caché du destin*, James Hillman, J'ai Lu 1996.
• *La retraite à 70 ans et au-delà*, Robert Rochefort, Éditions Belin.
• Les Cahiers de la FIAPA.
• *Guide de la retraite pour les personnes de 45/59 ans*, édité par les caisses de retraite Cnav, Ava, MSA, Organic.
• Courrier Cadres
• L'ancien magazine *Les Trois Mondes*, le bien-être du corps, de l'âme et de l'esprit, Capvers BP320, 89005 Auxerre.

• Bulletin Echanges, publiée par l'association *Les trois mondes* genty.daniel@wanadoo.fr et elisabeth.legros@noos.fr

• *Pratiques de santé*, le journal de la médecine naturelle dirigé par le docteur Willem et le très complet *Plantes et santé.*

• *Biocontact*, le mensuel gratuit exemplaire et persévérant dont chaque dossier médical complet est à conserver.

Biocontact alerte depuis des années sur les multiples dérives dans les secteurs alimentaire, agricole, énergétique, technologique, médical, scientifique… Les scandales - longtemps étouffés - de ces dernières décennies lui donnent aujourd'hui une crédibilité incontestable et visionnaire. Il se trouve sur tous les salons Bio et dans les circuits diététiques.

• Le magnifique site www.Mieux-Etre.org avec la *Lettre du mieux-être* sur toutes les nouvelles pratiques de santé.

• www.journaldunaturel.com
• www.meditationfrance.com
• Le très complet site Seniorscopie.com, la lettre d'informations professionnelles de *Notre Temps*.

• Les sites :
seniorscopie.com
lemarchedeseniors.com
senioractu.com
agevillage.com
seniorplanet.fr,
seniorplus.fr

TABLE DES MATIÈRES

CHAPITRE 8

QUATRIÈME PARTIE

CHAPITRE 9

CHAPITRE 10

CHAPITRE 11

CINQUIÈME PARTIE

SIXIÈME PARTIE

Julia CAMERON
LIBÉREZ
VOTRE CRÉATIVITÉ
Osez dire oui à la vie !
Dangles
ÉDITIONS

Étienne DE JAER
À tout problème sa solution
La Vitanalyse, la voie des choix responsables
Dangles
EDITIONS

Catherine DALANÇON
Comment capter
les énergies
de la chance ?

Sandra MORET
Réapprenez
à vous alimenter
Programme VAKOG®
Dangles
EDITIONS

Véronique CHAVIGNY-BOUQUET
Bébé, mon amour
Le lien mère enfant,
de la conception
au sevrage
Dangles
ÉDITIONS

Michèle LE PELLEC
Guide de survie
pour mère de famille
monoparentale
Dangles
EDITIONS

ISSN : 0397-4294
ISBN : 2-7033-0652-0

Achevé d'imprimer sur les presses de
l'Imprimerie France Quercy à Mercuès
N° d'impression : 61414/
Dépôt légal : juin 2006

Imprimé en France